BRIGITTE JUNGE

AUS DER SCHATZTRUHE OSTFRIESLANDS

Museumsstücke erzählen Geschichte(n)

Band 20
Schriftenreihe des
Historischen Museums der Stadt Aurich

BILD- UND OBJEKTNACHWEIS

Sämtliche Objekte gehören zu den Sammlungen des Historischen Museums der Stadt Aurich:
Sammlung Historisches Museum Aurich, Sammlung Kurt Johannsen, Sammlung Postgeschichte der Familie Gossel, Sammlung Stadt Aurich, Sammlung Volkskunde.

Sammlungsaufbau und Restaurierungen wurden gefördert von: Archäologisches Institut der Ostfriesischen Landschaft, Deutsch-Israelische Gesellschaft – Arbeitsgemeinschaft Ostfriesland, Evangelisch-reformierte Kirchengemeinde Aurich, Evangelisch-lutherische Lambertigemeinde Aurich, Evangelisch-lutherische Kirchengemeinde Middels, Förderverein Freunde der Klosterstätte Ihlow, Förderverein für das Historische Museum der Stadt Aurich, Gerhard ten Doornkaat Koolman-Stiftung, Heimatverein Aurich, Land Niedersachsen, Niedersächsische Sparkassenstiftung, Niedersächsisches Staatsarchiv Aurich, Stadt Aurich, Privatfamilien mit den ehemaligen Auricher jüdischen Familien, Ostfriesische Landschaftsbibliothek, Rotary Club Aurich, Stiftung der Volks- und Raiffeisenbanken.

Alle Objekte wurden fotografiert von:
Peter Marx, Grafiker des Historischen Museums Aurich.

Impressum
Sutton Verlag GmbH
Hochheimer Straße 59
99094 Erfurt
www.suttonverlag.de
Copyright © Sutton Verlag, 2013

ISBN: 978-3-95400-144-6

Gestaltung und Satz: Sutton Verlag
Druck: Beltz Bad Langensalza GmbH

INHALT

Ein Dankeschön …	6
„Wir haben viel gelernt und wissen jetzt, dass Ostfriesland mehr als Teetrinken ist."	7
KAPITEL 1 Reisen nach Ostfriesland	9
KAPITEL 2 Mitten in Ostfriesland	17
KAPITEL 3 Eala frya Fresena	31
KAPITEL 4 Macht und Herrlichkeit	43
KAPITEL 5 Wohlstand, ostfriesische Lebensart und Bürgerstolz	69
KAPITEL 6 Vom Streben nach nationaler Einigung	115
KAPITEL 7 Dann mag kommen, was da will	125
Literatur	139

EIN DANKESCHÖN ...

... an die Stifter und Förderer des Historischen Museums Aurich und seiner Sammlungen, insbesondere an den Vorstand des Fördervereins sowie namentlich an Ingrid Buck, ohne die es die umfangreiche Sammlung Volkskunde nicht gäbe, an Adelheid Gossel und ihre Schwester Frauke Eisenbeck, die dafür gesorgt haben, dass die postgeschichtliche Sammlung ihres Vaters ins Historische Museum Aurich gegeben wurde, an Wolfgang Freitag, Günther Lübbers und Georg Murra-Regner für die Initiative beim Zusammentragen der jüdischen Sammlung, an Friedrich Freudenberg, der Kurt Johannsens umfangreiches Herbar vermittelte, sowie an Horst Arians, Werner Conring und Jan Smid für die zahlreichen Hinweise und Hilfen beim Sammlungsaufbau.

... an die Restauratoren Bärbel Breuer, Hannelore Hogger, Johann Holstein, Ernst Krach, Ilona Lhaki und Klaus Thönes, die im Besonderen für die textilen und farblich gefassten Objekte tätig wurden und dafür sorgten, dass sie als Exponate zur Verfügung stehen und erhalten bleiben.

... an alle Zeitzeugen und Ratgeber, ohne die die Geschichte(n) zu den Objekten nicht erzählt werden könnten, namentlich an Hedwig Hangen, die mit ihren Kenntnissen des ostfriesischen Brauchtums und der Volkskunde zahlreiche Ausstellungen angeregt und wissenschaftlich begleitet hat sowie an Foolke Groeneweg aus Westersander, stellvertretend für alle Frauen, die mit ihren Erinnerungen einen Einblick in den Alltag einer jungen Frau und Mutter im Ostfriesland der Kriegs- und Nachkriegsjahre vermittelte.

... an die Mitarbeiter und Berater, die in den vergangenen Jahren für die Bearbeitung und Aufnahme von Sammlungsgegenständen recherchiert oder geschrieben haben, namentlich an Helmut Ernst, Margret Fiebig-Drosten, Jost Galle, Joachim Gebhardt, Hedwig Hangen, Hermann Ihnen, Rudolf Nassua, Grit Mühring und Silke Santjer.

... an Peter Marx für die gute und, trotz einiger Hürden, die wir zusammen nehmen mussten, unbeschwerte Zusammenarbeit beim Schreiben und Gestalten dieses Buches, an Christa Schönfeld für das kritische Korrekturlesen und an meine Familie, die in den Weihnachtstagen so oft auf mein Zuhause-Sein verzichtet hat.

Brigitte Junge, Aurich im Januar 2013

„WIR HABEN VIEL GELERNT UND WISSEN JETZT, DASS OSTFRIESLAND MEHR ALS TEETRINKEN IST."

… lautete der Eintrag zweier älterer Herren, die als Touristen in das Historische Museum Aurich kamen.

Galten Museen in den Anfängen als Heiligtümer der Musen, in denen Kunst, Kultur und Wissenschaft unter göttlichem Schutz standen, so dürfen wir heute von einem Museum erwarten, dass es öffentlich zugänglich, nicht kommerziell ist sowie fachlich geleitet und wissenschaftlich betreut wird. Dabei gilt ein Museum nach wie vor als Schatzhaus für das kulturelle Erbe, in dem das originale Objekt den größten Wert besitzt. Im Zusammenspiel mit anderen Objekten dient das einzelne zur Dokumentation und Vermittlung der Stadt- und regionalen Kulturgeschichte. Für jedes Objekt wird in Archiven und Bibliotheken nachgeforscht, Hersteller, Besitzer und Verwender werden erfragt und die Kenntnisse am Objekt vermittelt. So stellt das Museum sein Wissen aus und trägt zum Geschichtsbewusstsein der Bürger bei. Die Museumsbesucher sind am Erkenntnisprozess beteiligt, wenn sie nach der eigenen Geschichte in den ausgestellten Dingen suchen oder an Erinnerungen von Zeitzeugen teilhaben. Manches, was im eigenen Haushalt aufbewahrt oder in der Familie überliefert wird, gewinnt an Wert und Vergangenes erhält Faszination und Aktualität.

Denn Historie findet tagtäglich und alltäglich statt. Mit dem Anspruch auf Wahrhaftigkeit wird sie erkundet und erforscht. Dabei richtet sich die Aufmerksamkeit auf die weit zurückliegende Vergangenheit gleich wie auf die jüngst zurückliegende Geschichte. Im Museum wird der Austausch vollzogen zwischen Mensch und Ding, Ereignissen und Zeitzeugen, Museumsmachern und Museumsbesuchern. Immer wieder wird nach der Bedeutung für das eigene Leben gesucht. Wie heute in Ostfriesland gelebt wird, wie die Region gestaltet wird, ist Inhalt von Bürgerengagement und Politik. Beides setzt Interesse voraus, führt Identifikationen weiter und sucht danach, Wesen und Werden der eigenen Region zu erfahren.

Das Historische Museum Aurich ist in der denkmalgeschützten „Alten Kanzlei" untergebracht, die 1528 als Stadthaus des Grafen Johann errichtet wurde. Als dieser nach dem Tod seines Bruders Enno II. auf eine Mitregentschaft verzichtete, verkaufte er das Haus in Aurich für 1.000 Taler an seine Schwägerin Gräfin Anna. Diese

Vorwort

verpachtete das Gebäude der Stadt, deren zwei Bürgermeister hier dem Stadtrechtsprivileg folgend ein „Rat- und Weinhaus" einrichteten. Später wurde die Residenz von Emden nach Aurich verlegt und die Auricher Bürgerschaft bat darum, auch die Kanzlei nach Aurich zu holen. Dies geschah zwischen 1601 und 1609. Thomas Franzius war der erste, Dothias Wiarda der zweite Auricher Kanzler. Das „Weinhaus in Aurich" wurde Kanzlei und Wohnung für höhere Beamte und zwischenzeitlich umgebaut für Anna Juliane von Kleinau, der nicht standesgemäßen zweiten Gemahlin „zur linken Hand" des Fürsten Christian Eberhard. Zuletzt war das Gebäude Sitz von Kreisverwaltung und Landesbehörden, bis 1986 das Historische Museum der Stadt Aurich eingerichtet wurde.

Ein Rundgang durch das Historische Museum Aurich bietet vielfältige Facetten. Allgemeine Themen der deutschen und europäischen Geschichte werden in der Region aufgespürt, ihre Bedeutung für Ostfriesland wird erläutert und die Rolle der Stadt Aurich in diesen Zusammenhang erklärt. Im Zentrum stehen – wie sollte es in einem Museum anders sein – die Exponate, archäologische Funde, Kirchenschätze, das Erbe ostfriesischer Grafen und Fürsten, Trachten, Schmuck und Zubehör aus den volkskundlichen Sammlungen, Bilder und historische Dokumente.

Das Historische Museum Aurich sammelt und zeigt das kulturelle Erbe der Stadtbewohner und ihrer Gäste und lädt ein, ihre Geschichte(n) zu entdecken. Je nach Epoche wählt die Reise in die zu erzählende Geschichte unterschiedliche Zugänge. Neben das geschriebene Wort treten ausgewählte, faszinierend wertvolle und alltägliche Hinterlassenschaften. Und so wird, wer das Museum mit Muße erkundet hat, das Gesehene nicht in den Ausstellungsräumen zurücklassen, sondern angeregt sein, Vergangenes draußen in der Stadt und in ihren Ortschaften wiederzufinden, den Denkmalsplatz am Großsteingrab von Tannenhausen, die romanischen Kirchen in den mittelalterlichen Geestdörfern Middels und Wiesens, den Lambertiturm, das Schloss mit dem Marstall, das Mausoleum der ostfriesischen Grafen und Fürsten oder den jüdischen Friedhof. Ein Stadtrundgang ist vorbereitet.

KAPITEL 1

REISEN NACH OSTFRIESLAND

… führten die Menschen zu allen Zeiten über und selbstverständlich auch nach Aurich. Gleich ob sie Touristen unserer Tage sind oder Bahnreisende des 19. Jahrhunderts waren, ob sie zu Gast am Hof der Fürsten von Ostfriesland weilten oder als Händler und Viehverkäufer den mittelalterlichen Markt aufsuchten oder ob sie bereits vor Christi Geburt lebten und als steinzeitliche Nomaden das Auricher und das Brokmerland durchwanderten – alle haben sie ihre Spuren hinterlassen.

Die Eisenbahn veränderte die traditionelle Erfahrung von Raum und Zeit. Aus dem Besitz einer Auricher Familie stammt die Reisetasche mit einer Dampflokomotive in Perlstickerei. Ins Auge fällt die Inschrift „ZEIT". Die Perlstickerei gehörte im Biedermeier zwischen 1815 und 1845 zu den populären Handarbeiten der Frauen. Die erste Eisenbahn in Deutschland fuhr im Jahre 1835 von Nürnberg nach Fürth. Folglich könnte die Reisetasche frühestens aus jenem Jahr stammen. Bei ihren Seitenteilen, den Griffen und

Reisetasche mit Gobelin- und Perlstickerei, hergestellt in Göppingen, benutzt in Aurich, um 1900.

Kapitel 1

F(riedrich) B(ernhard) Werner: Aurick – Kupferstich, verlegt bei J(eremias) Wolff in Augsburg, um 1729.

dem Boden fand ein Lederimitat aus Kartonpapier und Lackfarbe Verwendung. Diese Art von Kunstleder wurde seit 1860 hergestellt. Um 1900 produzierte eine Göppinger Manufaktur Taschen mit Perlarbeiten nach alten biedermeierlichen Vorlagen. Sie kamen in ganz Deutschland und – so ist zu vermuten – auch in Aurich in die Geschäfte. Oder wurde die abgebildete Tasche von einer Reise mit nach Aurich gebracht? Die Welt war um 1900 auch für den Auricher und die Auricherin offener und weiter geworden.

Auf einer Reise über Hamburg, Bremen, Oldenburg kam der Künstler Friedrich Bernhard Werner nach Ostfriesland. Das war noch zur Zeit der Postkutschen. Der Künstler wurde 1690 in Schlesien geboren und starb 1778 in Breslau. Nach dem Besuch des Jesuitengymnasiums Neiße trat Friedrich Bernhard Werner in den Militärdienst ein und ließ sich als Festungsingenieur ausbilden. Seit 1719 arbeitete er für den Kunstverleger Jeremias Wolff in Augsburg. Neben der Hafenstadt Emden zeichnete Werner auch die Residenzstadt Aurich.

Für seinen Blick auf Aurich wählte er einen Standort südlich vor der Stadt: Die aus Leer kommende Straße zeigt sich belebt. Reiter, Wanderer und ein Fuhrwerk bewegen sich in nordöstlicher Richtung auf „Daß Osten Thor" und die Wallmühle zu.

Reisen nach Ostfriesland

Wie eine Mauer trennen die seit 1707 verstärkten Wälle die Stadt von der ländlichen Umgebung mit ihren Feldern, Rinder- und Pferdeweiden vor dem fürstlichen Barockgarten. Die städtisch dichte Bebauung wird überragt von der „Statt Pfarr Kirchen" mit dem Lambertiturm und dem zweischiffigen Kirchenbau. Zwei Gründe sprechen dafür, die Auricher Stadtansicht um 1729 zu datieren. Der erste liegt in dem als „Die Fürstl(iche) Cantzley" gekennzeichneten Gebäude auf dem Schlossplatz, denn dieses – so wissen wir es heute – wurde in den 1730er-Jahren abgerissen und unter dem Bauherrn Fürst Georg Albrecht in der erhaltenen Weise neu gebaut. Der zweite Grund liegt in der künstlerischen Umsetzung der Stadtansicht. Seitdem Werner 1724 als Festungs-ingenieur in Stade bestellt war, bemühte er sich um eine Vervoll-kommnung der Perspektive.

Man bedenke: Heute fahren wir in einer Stunde von Aurich nach Oldenburg und in weniger als sechzig Minuten erreichen wir jeden Ort innerhalb Ostfrieslands. Wir verdanken diese Mobilität – und all die mit ihr verbundenen aktuellen Probleme – dem Auto. Einst benötigte man von Aurich aus acht Stunden, um das benachbarte Oldenburg per Kutsche zu erreichen. So steht es in „Baedeker's Reisehandbuch" von 1862. Dabei war diese Zeitspanne wohl kaum

Kapitel 1

Posthorn der Königlich Preußischen Post mit der Gravur „Ehren-Post-Horn für den Postillion Hermann Ubbo Gossel, 1876".

garantiert, denn nicht selten waren die Landwege streckenweise nicht zu passieren.

1647 erteilte Graf Ulrich II. den Fuhrleuten das Privileg, Lohnfuhren für Briefe, Stückgut und Personen innerhalb Ostfrieslands zu unternehmen. Postverbindungen zwischen Aurich und Esens sowie von Emden über Aurich nach Oldenburg wurden aufgebaut. Sein Enkel Christian Eberhard richtete dann eine regelmäßige Fahrpost von Aurich nach Leer ein und eröffnete 1704 eine weitere Verbindung nach Wittmund. Die Postwagen fuhren am Dienstag und Freitag um neun Uhr von Wittmund ab und kehrten am Mittwoch und Sonnabend um neun Uhr von Aurich dorthin zurück. 1711 bestätigte Georg Albrecht die bestehenden Konzessionen. Neu hinzu kam eine Landpost von Aurich nach Norden. Da die schweren Wagen bei anhaltendem Regen nicht fahren konnten, verkehrte zusätzlich eine Botenfrau. Sie ging freitags von Norden nach Aurich und sonnabends zurück.

Nach 1744 führte die preußische Regierung ihr staatliches Postwesen in Ostfriesland ein. Fortan sicherte die Postordnung der Königlich Preußischen Post eine ungestörte und schleunige Beförderung. Der Postillion führte das Gespann. Er trug die preußische Uniform und den Postillionhelm mit Federbusch, dessen Lederfutter auf seine Kopfgröße eingestellt werden konnte. Er hatte die landesüblichen Posthornsignale zu erlernen. Auf freier Fahrt fühlte er sich aufgefordert, Melodien zur Unterhaltung seiner Fahrgäste

Postillionhelm der Königlich Preußischen Post, getragen in Ogenbargen von Hermann Ubbo Gossel zwischen 1867 und 1889.

zu blasen. Die Noten fand er in seinem Liederbuch. Als mit dem Ausbau des Schienenverkehrs die Post zunehmend auf Nebenstrecken abgedrängt wurde, wurden neue Lieder geschrieben und erinnerten wehmütig an die „gute alte Postkutsche". Aber soweit war die Entwicklung in der ersten Hälfte des 19. Jahrhunderts noch nicht. Wege und Straßen hatten seit jeher mit den Schwierigkeiten der Entwässerung zu kämpfen. Viele der oftmals kürzeren Wegstrecken waren in regenreicher Zeit unpassierbar. Von alters her hatte der Verlauf die hohe Geest bevorzugt. Doch kam es auch hier durch darunterliegende Lehmschichten zu überschüssigen Wasseransammlungen. Gepflasterte Straßen waren material- und arbeitsaufwendig. Zwischen 1835 und 1840 entstanden die ersten Steinchausseen und verbanden Aurich nach Süden mit Leer, nach Westen mit Emden und nach Osten mit Wittmund.

In dieser Zeit wurde das ostfriesische Eisenbahn-Comité gegründet. Einig war man sich darüber, „... wie nothwendig und nützlich, und von welchen großen Folgen es sein wird, wenn auch Ostfriesland baldmöglichst an den Eisenbahnen Theil nimmt." In den Plänen für die Eisenbahnverbindungen in Hannover und Preußen galten zwei Strecken als beschlossen. Die Westbahn sollte die Städte Leer und Emden mit Oldenburg, Bremen, Groningen und Lingen verbinden und die Städte Norden und Aurich sollten über eine Zweigbahn angeschlossen werden. 1866 schrieb die Landdrostei Aurich nach Hannover: „Wie Eurer Excellenz nicht entgangen sein wird, regt in hiesiger Provinz sich aller Enden das Verlangen nach neuen Eisenbahnanlagen." Jedoch noch zwölf Jahre später hatte ein Bürger Grund zur Klage. „Wie lange kann Aurich Sitz der Behörden bleiben, wenn aus allen Richtungen der Provinz die Klage einläuft, dass niemand hinkommen kann?", fragte er in einem offenen Sendschreiben. Mittlerweile war Aurich Garnison. Auf Betreiben des Militärs rang sich die preußische Regierung durch, in Ostfriesland eine Staatsbahn zu bauen. Nahezu dreißig Jahre sollte die Erschließung des inneren Ostfrieslands durch die Eisenbahn dauern. Finanzielle Beiträge der Städte und der Ostfriesischen Landschaft trugen erheblich dazu bei. Aus Kostengründen verlief der Schienenverkehr vorzugsweise parallel zu den Landstraßen. Für die Staatsbahn wurden neunzig Kilometer Schienen verlegt. So wurden Aurich und die ostfriesischen Küstenorte über Emden an die Westbahn und über Jever an die Großherzoglich-Oldenburgische Eisenbahn angeschlossen. Für weitere Streckenverbindungen baute man aus Kostengründen Schmalspuranlagen. Als Knotenpunkt erhielt Aurich zwei Bahnhöfe: einen für die Staatsbahn, den zweiten für die Kleinbahn.

Seit 1883 verband dann die Küstenbahn die Städte Ostfrieslands mit der Großherzoglich-Oldenburgischen Eisenbahn. Wenn auch heutige Geschwindigkeiten fern aller Vorstellungen der Zeitgenossen lagen, bedeutete der Bahnanschluss Aurichs einen großen, langersehnten Fortschritt. Zahlreiche Feriengäste erreichten fortan per Bahn die ostfriesischen Badeorte. Handel und Verkehr profitierten vom Transport der Waren und nicht zuletzt durch den Ausbau der Kleinbahnen. Schließlich wurde auch für die hiesigen Familien das Reisen attraktiver – vorausgesetzt, man konnte es sich leisten.

Die Hochzeitsreise – ein Unterhaltungsspiel für fröhliche Familienkreise, gespielt in Ostfriesland, verlegt bei F(erdinand) A(ugust) Schönfeld, Lith(ographisches) Kunst-Institut R. Koch, o. J.

Reisen nach Ostfriesland

Kapitel 1

Unter dem Motto „Ri-Ra-Rutsch, wir fahren mit der Kutsch', wir fahren mit der Eisenbahn" erinnert das Historische Museum an die großen Veränderungen des Post- und Reiseverkehrs im 19. Jahrhundert. Beim unterhaltsamen Würfelspiel „Die Hochzeitsreise" benutzen die Mitspieler Braut, Bräutigam, Onkel Stoffel und Mariechen die verschiedenen Verkehrsmittel zu Wasser, zu Lande und zu Fuß und meistern vielfältige Hindernisse. Besonders reizvoll ist die Begegnung mit der Postkutsche dargestellt: Die Posthornsignale der deutschen Reichspost erschallen per Knopfdruck und erinnern den Besucher heute an die „gute alte Postkutschenzeit".

KAPITEL 2

MITTEN IN OSTFRIESLAND

… liegt Aurich auf der hohen Geest, die sich aus dem Oldenburger Land in Richtung Nordwesten nach Ostfriesland erstreckt. „Geest" ist abgeleitet von „güst" und bezeichnet eine unfruchtbare, vorwiegend sandige Landschaft. Geprägt wurde sie während der Eiszeit, in deren Kälteperioden sich gewaltige Eismassen von Skandinavien nach Norddeutschland schoben. Nach dem Abschmelzen der Gletscher blieben Ton, Lehm, Mergel, Sand und mehr oder weniger große Geröllmassen, die Findlinge, zurück. Das Wasser floss nach Nordosten in die Nordsee, nach Südwesten in die Ems ab. Später wirkte der Wind ebnend auf die nicht bewachsenen Böden ein, trug Flugsand fort und wehte ihn auch im Binnenland zu Dünen auf. Reiche Niederschläge führten zur Verbreitung feuchtigkeitsliebender, wasserspeichernder Torfmoose. Auf den nährstoffarmen Böden

Granitblock aus Skandinavien, der als Findling nach dem Abschmelzen der Eiszeitgletscher in Ostfriesland zurückblieb.

entstanden ausgedehnte Hochmoore mit ihren charakteristischen Pflanzen wie dem Scheiden-Wollgras. An nährstoffreichen Wasserläufen und Seen bildeten sich Niedermoore. Beiden Landschaften sind heute in Ostfriesland Museen gewidmet, aber auch draußen in der Natur ermöglichen sie dem Spaziergänger nach wie vor einzigartige Beobachtungen. Bereits in vorchristlicher Zeit siedelten Menschen eher auf den trockenen, wegen ihres sandigen Bodens leicht zu bearbeitenden Flugsandrücken. Auf ihnen entstanden, umgeben von ausgedehnten Hochmooren und sumpfigen Flussauen, bis ins Mittelalter hinein die ältesten Dörfer Ostfrieslands. Ihre Bewohner standen durch die wenigen Wege, welche die Natur ihnen vorgab, in Verbindung. Dort, wo keine Sandpassagen durch das Moor führten, bauten bereits die ersten Siedler Knüppeldämme und Bohlenwege und verwandten dafür das kostbare Holz. Rund 3.000 Jahre nach ihnen, um 1.000 n. Chr., sollte Ostfriesland dann kaum noch Wälder besitzen. Das Vordringen der Nordsee über größere Gebiete des Festlandes und die weiträumige Hochmoorbildung hatten die nacheiszeitlichen Wälder zerstört, und auf den verhältnismäßig klein gebliebenen Geestflächen fielen die letzten Eichenmischwälder endgültig der Siedlungstätigkeit des Menschen zum Opfer. So schrieb Bartholomaeus Anglicus um 1240, Ostfriesland habe gar kein Holz. Wenn sich das Auricher Stadtgebiet heute anders zeigt, so ist das Grün der

Eriophorum vaginatum L., Scheiden-Wollgras, eines von 728 Herbarblättern mit Wildpflanzenarten, wie sie für die Landschaftsräume Geest, Hochmoor und Niedermoor im mittleren Ostfriesland typisch sind, gesammelt von Kurt Johannsen im südlichen Brockzeteler Moor, 1971.

Mitten in Ostfriesland

*Pfeilspitze aus Feuerstein, gefertigt
in der mittleren Steinzeit, gefunden 1991
beim Bau der Auricher Tiefgarage zwischen Markt
und Kirchstraße.*

Wälder, von kleinen Flächen abgesehen, auf die Forstwirtschaft im 19. Jahrhundert zurückzuführen.

Blicken wir zurück: Vor etwa 7.000 Jahren, in der mittleren Steinzeit, lebten erstmals Menschen auf der Auricher Geest. Sie betätigten sich als Jäger, Sammler und Fischer, ernährten sich von dem, was die Natur ihnen bot. Sie folgten dem Jagdwild, waren Nomaden und wohnten in Zelten. Mit Pfeil und Bogen jagten sie kleinere Tiere und Vögel. Eine Pfeilspitze schlugen sie geschickt aus Feuerstein. Die Spuren ihres Daseins hinterließen sie in der Erde. Bei Feld- und Bauarbeiten wurden später die kleinen Geräte und Waffen aus Feuerstein zu Tage gefördert. Bis auf den heutigen Tag lösen derartige Funde nicht nur bei den Findern immer wieder Begeisterung aus, so wie die abgebildete Pfeilspitze, die 1991 beim Bau der Tiefgarage unter dem Auricher Marktplatz gefunden wurde. Unter der Überschrift „Steinzeitmenschen lebten mitten im heutigen Aurich", sprach die örtliche Presse von dem „einmaligen Fund bei Ausgrabungen". Außer der Pfeilspitze und einem Schaber, die beide der Bronzezeit zwischen 1.700 bis 2.000 v. Chr. zugerechnet werden konnten, wurden weitere Feuersteinklingen aus der mittleren Steinzeit 5.000 v. Chr. entdeckt. Die Archäologen deuteten den Fundplatz als Grabhügel. Mit einer derartigen Entdeckung hatte niemand gerechnet. Erstmals war der Beweis für eine länger andauernde urzeitliche Besiedlung im Auricher Stadtgebiet erbracht. Dort, wo der Boden Schätze der Vorzeit versprach, wurden seit dem 19. Jahrhundert Ausgrabungen vorgenommen. Die Zeitungen berichteten gerne über die attraktiven Funde und Heimatforscher zeigten und erläuterten die Zeugen der Vorzeit für die breitere Öffentlichkeit. So gründete sich 1814 die Naturforschende Gesellschaft Emden und 1818 schrieb Tileman Dothias Wiarda, der Landsyndikus der Ostfriesischen Landstände in Aurich, „über die steinernen Hämmer unter den Leichen-Hügeln der Germanen".

Kapitel 2

Tileman Dothias Wiarda, Dr. Juris, Königl(icher) Hofrath und Landsyndicus in Ostfriesland, Ritter des Königl(ichen) Guelphen Ordens, geb(oren) zu Emden, den 18ten October 1746, auf Stein gezeichnet von Dieckmann, 1825.

Etwa um 4.500 v. Chr. erreichte eine Entwicklung Ostfriesland, die das Leben der umherziehenden Jäger und Sammlerinnen verändern sollte. Im Vorderen Orient hatten die Menschen entdeckt, dass man Wildgetreide anbauen und Wildtiere zähmen konnte. Sie waren Ackerbauern und Viehzüchter geworden, hatten ihre

Kenntnisse und ihre kulturellen Fertigkeiten stetig entwickelt und wohnten mittlerweile in festen Häusern. Ihr Wissen gaben sie weiter. Der Wandel vom altsteinzeitlichen Nomaden zum sesshaften Bauern beeinflusste die Nachbarn und erreichte von Asien ausgehend Europa. Im 20. Jahrhundert sollten Wissenschaftler diese Entwicklung als Neolithische Revolution bezeichnen, sie dauerte Jahrtausende. Erste Bauern auf der Ostfriesischen Halbinsel besiedelten zunächst die Geest, ihre Siedlungen entstanden vornehmlich an den Rändern der Flussauen. Mit Feuersteinbeilen rodeten die Menschen der Jungsteinzeit Wälder, fällten Eichen, bauten Häuser und fanden sich in dörflichen Gemeinschaften zusammen. Sie teilten die Arbeit untereinander auf und entwickelten ihr handwerkliches Können. Dass sie Familienbande fürsorglich pflegten, daran erinnert ihre Grabkultur. Wie überall entlang der europäischen Küstenstreifen entstanden auch in Ostfriesland große Grabanlagen. Gesteinsblöcke, die das eiszeitliche Geschiebe zurückgelassen hatte, wurden unter Einsatz von Ochsenkraft und mit Hilfe von Baumstämmen transportiert. Auch die Hebelkraft muss den jungsteinzeitlichen Baumeistern bekannt gewesen sein, und so konnten sie die Steine aufrichten und aufeinander setzen. Später glaubte man, nur Riesen seien fähig gewesen, solch kraftvolle Tat zu vollbringen, deshalb wurden die Gräber der Vorfahren als Hünengräber bezeichnet. Dessen ungeachtet versuchte man sich zu erklären, wie es den Menschen der Jungsteinzeit gelang, die schweren Findlingsblöcke zu bewegen. Unterschiedliche Erklärungsansätze suchten

Feuersteinbeil, hergestellt vermutlich in Jütland, benutzt für die Landnahme, d. h. zum Abholzen der Wälder und zur Anlage der Felder in Georgsfeld, um 3.000 bis 2.500 v. Chr.

Kapitel 2

Zinnfigurendiorama, hergestellt zur Veranschaulichung, wie man sich den Bau eines Großsteingrabes vorstellte, 1920er-Jahre.

die Frage zu beantworten. Das historische Zinnfigurendiorama zeigt die Vorstellung, wie der Transport mittels Schienen und Rollen aus Baumstämmen zu bewerkstelligen war, und wie die Hebelkraft genutzt wurde. Heute gehen wir davon aus, dass zum Ziehen auf Rollen Seile verwendet wurden. Versuche der Experimentellen Archäologie erbrachten, dass pro Tonne Gewicht und pro Kilometer Entfernung etwa 132 Personenstunden Arbeitszeit benötigt wurden und belegen, dass die Menschen der Jungsteinzeit bereits arbeitsteilig zusammenlebten.

Ein einziges Hünengrab blieb in Ostfriesland erhalten, das Großsteingrab „Butter, Brot und Käse" in Tannenhausen. In den 1960er-Jahren ausgegraben und rekonstruiert, entdeckte man unter den großen ovalen Sandhügeln zwei Grabkammern. Noch heute sind in der Landschaft die drei Steine sichtbar, die mit anderen, jetzt nicht mehr vorhandenen eine Grabkammer bildeten. Der kleinste, im Osten liegende Findling bildete den Abschluss, die beiden größeren Steine lagen auf Trägersteinen und dienten als Decke. Die Grabkammern waren reich gefüllt mit Feuersteingeräten und Keramik, wie auch anderenorts in Großsteingräbern. Die Tongefäße wurden in Aufbautechnik gefertigt, Hals oder Schale wie ein Trichter geformt, weshalb sie „Trichterbecher" genannt werden. Ihre Wandung wurde dünn ausgestrichen und noch vor dem Trocknen reich mit eingestochenen Mustern verziert. Neben der Fülle an Grabbeigaben weist ein mit Pfosten gesetzter, etwa fünf Meter langer Gang darauf hin, dass die Grabkammer wiederholt geöffnet wurde, um die Verstorbenen einer dörflichen Gemein-

Mitten in Ostfriesland

schaft zur letzten Ruhe zu betten. Das Großsteingrab in Tannenhausen gilt als Ostfrieslands ältestes archäologisches Baudenkmal. Einst Thema der Heimatkunde, war „Butter, Brot und Käse" über Generationen Ziel von Klassenfahrten ostfriesischer Volksschulen. Der ostfriesische Volkskundler Wiard Lüpkes führte den Namen auf das einfache Frühstück und Abendbrot zurück, das in der Regel nur aus Schwarzbrot, Butter und Käse bestanden habe, „wie denn auch jene Findlinge bei Tannenhausen wegen ihrer Gestalt genannt

Großsteingrab „Butter, Brot und Käse" in Tannenhausen, dargestellt im Modell, gebaut im Maßstab 1:25 von Joachim Gebhardt, Aurich 1989.

Kapitel 2

Trichterbecher mit Tiefstichornament, gefunden im Großsteingrab in Tannenhausen bei den archäologischen Grabungen zwischen 1962 und 1965.

werden" und erklärte, „Hünengräber wie in Tannenhausen werden von Urväterzeiten her von unheimlichen und doch wieder so traulichen Sagengelispel umwoben".

Im Laufe des 19. Jahrhunderts hatten sich vielerorts Altertums- und Heimatvereine gegründet, die sich für eine Pflege der urgeschichtlichen Denkmäler stark machten. Und in den Dorfschulen stand die Heimatkunde auf dem Lehrplan. Hier sorgte der „Mester", wie der Volksschullehrer in Ostfriesland genannt wurde, für die Vermittlung des Heimatwissens an die Schulkinder. Heimatmuseen entstanden, die zu Orten der Bewahrung von Kulturschätzen und Brauchtumspflege wurden. Mit dem Plakat „Achtet beim Torfgraben auf Altertumsfunde!" richtete sich der Heimatverein Aurich nach dem Zweiten Weltkrieg an alle Haushalte, die im Torfstich arbeiteten, um ihren Bedarf an Brennmaterial zu sichern. Sie wurden aufgefordert, aufmerksam und umsichtig vorzugehen, um verborgene „uralte Geräte – Steinbeile, Bronze- und Eisengeräte, Tongefäße, Wagenräder, Pflüge und anderes Holzgerät" nicht zu übersehen. Denn gemeinsames Ziel wäre, die Kulturgüter zu schützen und die Funde achtsam zu behandeln. Den Vorsitz des Heimatvereins führte der Zeitungsverleger Dietmar Dunkmann, und so ist seine Geschäftsadresse nebst Telefonnummer in der Kirchstraße für die Meldung der Funde angegeben. In diesem Zusammenhang erwähnenswert erscheint, dass Aurich im Gegensatz zu Emden, Leer und Norden zu dieser Zeit noch kein Museum besaß und dass kurz nach Erscheinen des Plakats der Gymnasiallehrer Dr. Hugo Lübeß als Mitglied des Heimatvereins die Gründung eines Heimatmuseums für Stadt und Kreis Aurich nicht nur ambitioniert einforderte, sondern bereits ein überzeugendes Konzept vorlegen konnte.

Nicht jeder wird derartige Leidenschaft geteilt beziehungsweise zur Kenntnis genommen haben. Im Sperrmüll zwischen Werkzeug und Haushaltsgerät fand sich Ende der 1990er-Jahre ein Bronzebeil. Nachweislich wurde es Anfang der 1950er-Jahre im Moor, vermutlich beim Torfstich in Wiesmoor, ausgegraben. Das Beil besitzt einen Absatz, der auf den Breitseiten als kräftige Wulst hervortritt und an den Schmalseiten nur flach ausgebildet ist. Der kürzere Teil

Achtet beim Torfgraben auf Altertumsfunde!

Im Moor sind oft uralte Geräte — Steinbeile, Bronze- und Eisengerät, Tongefäße, Wagenräder, Pflüge und anderes Holzgerät — auch Knochen von Mensch und Tier erhalten geblieben.

Jeder Fund ist wichtig!

Er hat Bedeutung für die Heimatkunde und Altertums-Wissenschaft! Deshalb behandelt solche Funde vorsichtig! Nämlich: Holz- und Tongefäßfunde nicht herausnehmen, weil sie dann leicht durch schnelles Austrocknen zerfallen, sondern liegen lassen und sofort den

Heimatverein Aurich
(Aurich, Kirchstraße 8, Fernruf 587) benachrichtigen.

Alle Funde vor dem Zugriff durch Unberufene schützen! Nichts säubern oder waschen! — Alle Fundstellen (und Fundtiefen) sofort genau feststellen!

Für wichtige Funde wird ein Fundgeld gezahlt!

Wer die Heimat liebt, schützt ihre Kulturgüter

Plakat „Achtet beim Torfgraben auf Altertumsfunde!", herausgegeben vom Heimatverein Aurich, vermutlich 1948.

Kapitel 2

Bronzebeil, gefunden in den 1950er-Jahren beim Torfstich in Wiesmoor und nach einer Haushaltsauflösung Ende der 1990er-Jahre ins Historische Museum Aurich abgegeben.

des Schaftes ist durch hohe Randleisten gekennzeichnet, die sich zum Nacken hin verjüngen. Der längere Teil der Schneide trägt beiderseits eine Rippenverzierung in Form eines Ypsilons. Damit ist das Beil in die mittlere Bronzezeit einzuordnen. Die Tatsache, dass die Beilklinge niemals nachgeschärft wurde, zeigt an, dass das Beil als solches in seiner Entstehungszeit keine Nutzung fand. Hinter dem Absatz, zwischen den beiden Schaftrillen, befindet sich ein unförmiges Loch. Dieses entstand vermutlich beim Guss und mag der Grund dafür gewesen sein, dass das Werkzeug als Opfergabe im Moor deponiert wurde.

Eine andere Geschichte ist zu den mittelalterlichen Kugeltöpfen zu erzählen, die Freizeitsportler wiederholt im Großen Meer aus

Mittelalterlicher Kugeltopf, hergestellt und benutzt zwischen 800 und 1300, gefunden im Großen Meer in den 1980er-Jahren.

Mitten in Ostfriesland

dem Wasser fischten. Neben den vollständig erhaltenen Töpfen ließen sich aus den Scherben über 100 Gefäße wieder zusammenfügen. Aufgrund ihrer Form und des stark mit grobem Sand gemagerten Tons ist die Keramik zeitlich in das 9. bis 13. Jahrhundert einzuordnen und offenbart die spannende Geschichte eines versunkenen Dorfes. Das Große Meer liegt im Nordwesten von Aurich und ist ein Flachmoorsee, der aus einer Ansammlung von Grundwasser in einem Niedermoorgebiet entstand. Um 800 hatte die Nordsee einen niedrigen Wasserstand, der Meeresspiegel war gesunken. Die Marsch im Küstenraum und der Rand des Hochmoores im Übergang zur hohen Geest lagen trocken. Die Menschen besiedelten das neu zur Verfügung stehende Land und gründeten ein Dorf. Als dann, etwa 300 Jahre später, der Meeresspiegel wieder anstieg, stieg auch das Grundwasser wieder höher. Die Siedler mussten ihr Dorf aufgeben, das nackte Leben retten und manches Hab und Gut zurücklassen.

Kehren wir zurück ins Auricher Stadtgebiet: Hier wurde in der Nähe des Marktes ein breiter Graben entdeckt, der als Teil städtischer Befestigungsanlagen des 15. Jahrhunderts erkannt wurde. Im tieferen Morast wurde ein Lederhalbstiefel aufgefunden, der sich im feuchten Boden, unter Abschluss von Luftzufuhr jahrhundertelang erhalten hatte. Nach seiner Konservierung im Ledermuseum Offenburg kehrte der Schuh nach Aurich zurück und wird in der Museumsabteilung „Besiedlung der Auricher Geest – Anfänge der Stadtgeschichte" gezeigt. Mit einer archäologisch nachgewiesenen, bäuerlichen Siedlung beginnt Aurichs Geschichte bereits in vor-

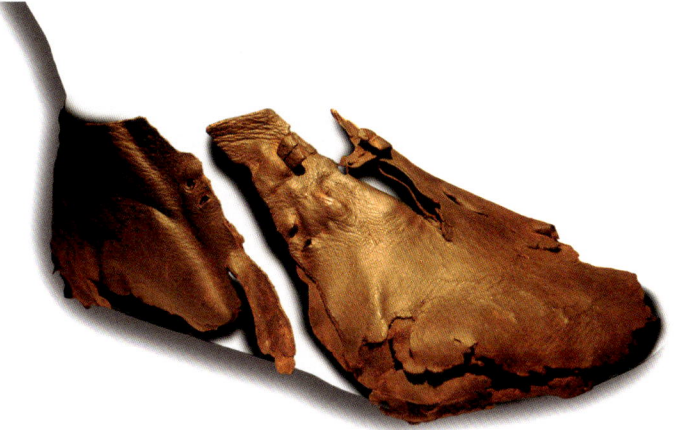

Lederhalbstiefel, hergestellt und getragen um 1430, gefunden in Aurich, Anfang der 1990er-Jahre.

Kapitel 2

Siegburger Krug mit acht Silbermünzen, geprägt in Emden zur Zeit des Grafen Enno II. von Ostfriesland, gefunden 1932 in Nesse.

christlicher Zeit. In der Nachbarschaft des Dorfes entwickelte sich dann im Mittelalter ein Handelsort mit Markt und Kirche, der wegen seiner günstigen Lage an einem Knotenpunkt von Handelswegen später zum Regierungssitz der Grafen von Ostfriesland werden sollte.

Alltagsleben, Handwerk und Handel sind mit archäologischen Funden gut zu belegen. Besondere Aufmerksamkeit verdient es, wenn ein Münzschatz aufgefunden wird, wie in Aurich bei Sanierungsarbeiten im Keller eines Wohnhauses in der Nürnburger Straße, in Walle beim Hausbau oder in Nesse bei Norden bei der Gartenarbeit geschehen. 1932 förderte ein Hausbesitzer in Nesse beim Umgraben im Garten ein kleines Gefäß mit Münzen zu Tage. Auch wenn die Keramik am Hals zerbrochen ist, weist ihre Herkunft aus dem Rheinland darauf hin, dass kleine Kostbarkeiten über Handelswege nach Ostfriesland gelangten. Hier wurde der Krug aus Siegburger Produktion zur Aufbewahrung von acht ostfriesischen Silbermünzen benutzt. Den sogenannten dicken Penningen ist keine Jahreszahl eingeprägt. Sie zeigen ein Brustbild des Grafen Enno II. mit Barett, umschrieben mit ENNO CO' ET DNS' PHRISIE ORIENT, auf der einen und das Wappentier der Familie Cirksena, den Jungfrauenadler mit der Umschrift DA PACEM DOMINE DIEBUS NOS auf der anderen Seite. Enno II. wurde 1505

Mitten in Ostfriesland

Der um 1270 als eigenständiges Gebäude neben der Kirche errichtete Lambertikirchturm, im 17. Jahrhundert aufgestockt, dargestellt im Modell, gebaut im Maßstab 1:50 von Joachim Gebhardt, Aurich 1985.

in Emden geboren und regierte Ostfriesland von 1528 bis zu seinem Tod 1540. Münzen mit seinem Porträt sind also auf die 1530er-Jahre zu datieren. Die acht dicken Penninge stellten in Ostfriesland einen gebräuchlichen Wert dar.

Aurich bildet heute zusammen mit zwanzig ehemals selbstständigen Gemeinden ein städtisches Mittelzentrum, denn seit der niedersächsischen Gebietsreform Mitte der 1970er-Jahre gehören die auf der hohen Geest gelegenen und wie der Stadtkern im Mittelalter entstandenen Dörfer Kirchdorf, Schirum, Popens, Egels, Wiesens, Wallinghausen, Spekendorf, Middels, Sandhorst, Walle, Extum, Haxtum und Rahe sowie die im 18. Jahrhundert gegründeten Moorkolonien Brockzetel, Pfalzdorf, Plaggenburg, Langefeld, Georgsfeld, Dietrichsfeld und Tannenhausen zum Stadtgebiet. Mitten in Ostfriesland ist Aurich heute in zweierlei Hinsicht die zweitgrößte Stadt der Region und rangiert mit einer Gesamtfläche von etwa 200 Quadratkilometern hinter Wiesmoor, mit einer Einwohnerzahl von über 40.000 hinter Emden. Wahrzeichen dieser Stadt ist ihr ältestes Gebäude, der 1270 errichtete Lambertikirchturm (s. S. 29).

KAPITEL 3

EALA FRYA FRESENA

… ist der Gruß des friesischen Landbundes im Mittelalter und kann mit „Seid gegrüßt, Ihr freien Friesen!" übersetzt werden. Seit dem 7. Jahrhundert lebte an der westlichen Nordseeküste ein Volk, das

Lithografie Eala frya Fresena, gezeichnet von Gottlieb Kistenmacher, Lithogr. Anstalt von August Reyer, Leer, Verlag R. A. Leemhuis, Weener, um 1864.

sich Friesen nannte. Das Meer hatte ihnen, als es sich in Richtung Norden zurückzog, fruchtbares Land hinterlassen, die Marsch. Hier züchteten die Bauern Rinder und Schafe und schufen das größte natürliche Weidegebiet im Westen Europas. Vieh, Milchprodukte und Wolle verkauften sie im Binnenland. Mit den Einnahmen sicherten sich die Friesen ihre Teilhabe am Seehandel. Sie fuhren hinaus aufs Meer und brachten kostbare Waren aus Übersee ins Land. Die Nordsee blieb jedoch auch eine Gefahr für Leben und Besitz. Ihre stürmischen Wellen gefährdeten den Küstenstreifen und drohten immer wieder, die ertragreichsten Gebiete des Landes zu vernichten. So begannen die Friesen im 10. Jahrhundert, gewaltige Deiche zu errichten. Das war nur durch gemeinsames Handeln aller möglich und Zusammenhalt war auch gefordert, wenn es anschließend darum ging, die Deiche zu erhalten, denn nicht nur das Meer gefährdete das friedvolle Leben der Küstenbewohner. Eine andere Gefahr waren die Herrschaftsansprüche fremder Eindringlinge. Gemeinsam trugen die Friesen deshalb nicht nur die Verantwortung für den Deichbau, sondern auch für die Landesverteidigung. Erfolgreich wehrten sie sich gegen die Begehrlichkeiten auswärtiger Herrscher, verteidigten ihr Land gegen die Normannen, kämpften gegen die Grafen von Oldenburg, gegen die Sachsen und Westfalen oder gegen die Bischöfe von Münster und Bremen. Als sie im 9. Jahrhundert für König Karl gegen die Römer in den Krieg zogen, erhielten sie für ihre Tapferkeit ein besonderes Privileg, die Friesische Freiheit. Ihre Rechte und Vereinbarungen schrieben sie im Laufe des Mittelalters auf. Stolz und zufrieden waren sie, frei von Steuern und Abgaben an König und Kirche und vor allem von der Wehrpflicht für den König, denn es galt: „Dass die Friesen auf keiner Heerfahrt weiter zu ziehen brauchen als ostwärts bis zur Weser und westwärts bis zum Flie, südwärts nicht weiter, als dass sie am Abend zurückkommen können, weil sie ihr Land vor dem nordischen Heer schützen und vor der See sichern sollen."

In den friesischen Landesgemeinden entwickelte sich eine Gesellschaftsstruktur, die sich von der in ganz Europa üblichen feudalen unterschied. Jede Landesgemeinde wählte als Oberhaupt ihren „redjeven", einen Richter, den sie aus den Familien mit Grundbesitz und Vermögen auswählte. Unter ihnen gab es keine Leibeigenen, d. h. keine hörigen Bauern. Die Landesgemeinden schlossen sich im 12. Jahrhundert zusammen und nannten sich die Sieben Seelande. Die Sieben stand für Einheit in der Vielfalt und umfasste eine viel größere Anzahl selbstständiger Landesgemeinden. Das Gebiet reichte von der Zuidersee in den Niederlanden bis zur Wesermündung zwischen Bremerhaven und Cuxhaven.

Eala frya Fresena

In einem Landfrieden garantierten sich die Beteiligten, untereinander Frieden zu halten sowie im Falle eines Angriffs von außen einander beizustehen. Alljährlich am Dienstag nach Pfingsten traten ihre Vertreter in Rahe bei Aurich zusammen. Ihren Bund benannten sie nach dem Versammlungsort, den Upstalsboombund. Upstal ist ein Flurname und bezeichnete eine eingefriedete Weide in der Allmende, in die der Dorfhirte das gehütete oder der Schüttmeister das entlaufene Vieh eintrieb und zur Übernachtung oder Auslösung aufstellte. Boom steht für einen behauenen Stamm, Pfosten oder Pfahl, der auf diese Koppel hinwies oder an den das entlaufene Vieh angebunden wurde. Zur Schutzpatronin erkor sich der friesische Landfriedensbund die Jungfrau Maria. Sein Siegel, das Totius-Frisiae-Siegel zeigte die thronende Maria mit dem Kind, zwei bewaffnete Friesen zur Seite und darunter zwei anbetende Mönche. Das Bild ist umschrieben mit „his signis vota sua Frisia tota, cui cum prole pia sit clemens Virgo Maria", das bedeutet, dass mit diesem Zeichen ganz Friesland seine Gelübde darbrachte und die Jungfrau Maria bat, sie möge ihm und seiner gesamten Bevölkerung gnädig sein. Bild und Segensspruch weisen darauf hin, dass die Freien Seelande vom christlichen Glauben und von den Zister-

Totius-Frisiae-Siegel, Abguss eines Originals aus dem Jahre 1338, das im Nationalarchiv Paris aufbewahrt wird.

ziensern beeinflusst waren, die in Ihlow, nahe dem Upstalsboom ein Kloster „monasterium sanctae Mariae in Scola Dei" gegründet hatten. Das Kloster stand im Schutze der vereinigten Brokmer und Auricher Landesgemeinde. Mit Beginn der ostfriesischen Häuptlingsherrschaften trat Ocko I. tom Brok ab 1378 in diese Pflicht ein. Später machte sein Sohn Ocko II. den Abt von Ihlow zu seinem Testamentsvollstrecker. Das Kloster genoss hohes Ansehen. Landesgemeinde und Landesherrschaft profitierten von seinen Kenntnissen in Recht und Schrift wie in Handwerkstechnik und Landwirtschaft.

Die Geschichte der Friesen im Mittelalter ist überliefert von Ostfrieslands bedeutendem Historiker Ubbo Emmius in seiner

Ubbo Emmius, Gipsbüste von E. Julius, 1994.

Rerum Frisicarum Historia. Ubbo Emmius wurde am 1547 in Greetsiel geboren, wuchs in einer lutherischen Pastorenfamilie auf und wechselte später zum reformierten Glauben Calvins. Nach seinem Studium in Rostock und Genf wirkte er als Rektor an der Lateinschule in Norden und in Leer. 1614 wurde er als Professor für Geschichte und griechische Literatur an die neu gegründete Universität Groningen berufen. Seit 1592 schrieb er an seiner Geschichte des gesamten friesischen Volkes, deren erste zehn Bände bereits 1596 gedruckt wurden und die schließlich 60 Bände umfasste. Ubbo Emmius starb 1625 in Groningen.

Jahrhunderte später nutzten die Ostfriesen den Versammlungsort des friesischen Bundes zum Gedenken an das besondere Freiheitsprivileg ihrer Geschichte. Mittlerweile hatte die Ostfriesische Landschaft den historischen Platz am Upstalsboom erworben, ließ auf dem Hügel eine Pyramide aus Findlingssteinen errichten und mit einer Schrifttafel versehen: „Auf der Versammlungsstätte ihrer Vorfahren, dem Upstalsboom, errichtet von den Ständen Ostfrieslands im Jahre 1833." Die ursprüngliche Idee, an diesem Ort einen Obelisken des Auricher Baumeisters Conrad Bernhard Meyer aufzustellen und hier an die Gefallenen Ostfriesen der napoleonischen Befreiungskriege zu erinnern, war 1815 am fehlenden Geld gescheitert.

1833 wusste man, dass der Hügel am Upstalsboom künstlich aufgeschüttet war. Beim Ausschachten des Fundaments fanden die Bauarbeiter eine Urne und ein zweischneidiges Langschwert aus fränkischer Herstellung. Spätere archäologische Grabungen brachten weitere Funde zu Tage: Glasperlen, Messerklingen, Schlüssel, Tonscherben und eine Gürtelschnalle. Alles zusammen wies darauf hin, dass die Freien Friesen im Mittelalter als Versammlungsplatz einen Grabhügel ausgesucht hatten, an dem ein reicher, wehrhafter Friese und eine oder zwei Frauen bestattet wurden. Die reichen

Vermutlich um 800 in Ägypten aus Glas gefertigte Millefioriperle, gefunden am Upstalsboom 2003.

Kapitel 3

Grabbeigaben sprachen dafür, dass die Toten einer bessergestellten Familie angehörten, deren Hof im späten 8. Jahrhundert unweit der Begräbnisstätte lag. Von dort aus bewirtschafteten sie einen von der Ehe, einem kleinen Fluss, umschlossenen Höhenrücken und scheinen ihn gänzlich beherrscht zu haben. Während der Schwertträger vom Upstalsboom noch keine Berührung mit den christlichen Missionaren hatte, gehörten die Mitglieder des Upstalsboombundes dem Christentum an und besiegelten ihren Landfrieden mit christlichen Motiven. Das am Upstalsboom gefundene Schwert wurde im Zuge eines Forschungs- und Ausstellungsprojektes im Jahre 2003 restauriert und genauer untersucht. Erkennbar wurden die aufwändige Damaszener Schmiedetechnik der Klinge, Holzreste am Griff sowie eine hölzerne Schwertscheide mit Einlegearbeit und textiler Umwicklung. Um die hochwertige Schmiedetechnik sichtbar zu machen, wurde das Schwert originalgetreu nachgeschmiedet, an seiner filigranen Oberflächenstruktur wird die Pracht des Herrschaftszeichens erkennbar.

Eala frya Fresena

Das Schwert vom Upstalsboom im Original und in der Nachbildung, hergestellt in Franken um 800, gefunden am Upstalsboom in Rahe 1833, restauriert von Gregor Kuhlbach im Niedersächsischen Institut für Küstenforschung, Wilhelmshaven 2002; nachgebildet mit Damaszenerklinge und Holzgriff, geschmiedet von Bernhard Nitz, Bockhorn 2003.

Reich ist Ostfriesland an romanischen Dorfkirchen, reich war es auch an Klöstern, die jedoch im Zuge der Reformation zerstört wurden.

Der erste Gründungsversuch eines Zisterzienserklosters in Friesland war um die Mitte des 12. Jahrhunderts in Ihlow, scheiterte aber. Der zweite, erfolgreiche Anlauf ging dann vom Benediktiner-Doppelkloster Meerhusen bei Aurich aus, das sich Anfang des 13. Jahrhunderts den Zisterziensern anschloss. Die Auricher Benediktiner und Benediktinerinnen folgten damit einer Reformbewegung zurück zum ursprünglichen Grundsatz des Klosterlebens von ora et labora, bete und arbeite. Der strenge Zisterzienserorden ließ das Nebeneinander von Nonnen und Mönchen in einem Kloster nicht zu, sodass eine räumliche Trennung notwendig war.

Nachdem 1219 das Benediktinerkloster Meerhusen in den Zisterzienserorden aufgenommen worden war, wurde das Männerkloster in Ihlow gebaut, während in Meerhusen die Nonnen untergebracht blieben. Mutterkloster war Aduard bei Groningen. 1230

Bodenfliese, hergestellt in der Bauhütte des Ihlow um 1300, gefunden 1977.

wurde der erste Abt in Ihlow eingesetzt. Ihlow entwickelte sich zu einem der bedeutendsten Klöster Ostfrieslands. Die klösterlichen Werkstätten gaben Anstoß für handwerkliche und technische Neuerungen. Die Urbarmachung von Hoch- und Niedermoor sorgte für eine verkehrsmäßige Erschließung. Die Backsteintechnik fand zunächst im Kirchenbau Verwendung und bereicherte zunehmend auch den Profanbau. Der Abt von Ihlow übernahm wichtige Funktionen im Deich- und Sielwesen sowie in der Landfriedenswahrung. Das Kloster bildete die Kanzlei des gesamtfriesischen Landfriedensbundes. Die Reformation beendete im 16. Jahrhundert das Klosterleben in Ihlow. Graf Enno nahm das Klostergelände in seinen Besitz. Er ließ die Klosterkirche nebst einigen Gebäuden abreißen und errichtete an Ort und Stelle ein Herrenhaus. Altar und Orgel kamen nach Aurich. Rechtlich abgesichert war die mit der Säkularisation verbundene Aneignung der Klosterbesitzungen nicht. Auch die Landstände meldeten Ansprüche an, die jedoch unerfüllt blieben.

Eala frya Fresena

Seit Ende der 1970er-Jahre fanden im Ihlower Wald archäologische Grabungen statt, die den Grundriss der Klosterkirche erkennbar machten und einen Aufsehen erregenden, im norddeutschen Raum einmaligen Fund von über hundert mittelalterlichen Bodenfliesen zu Tage brachten. Die mit geometrischen Mustern und mit Pflanzen- und Tiermotiven wie Lilie und Rose, Adler, Löwe, Hirsch und Hund verzierten Fliesen geben einen Eindruck von der künstlerischen Ausstattung der 1529 zerstörten Klosterkirche Ihlow. Die Fliesen schmückten den Fußboden im Chor und in der Vierung an zentraler Stelle der Kirche. Der übrige Fußboden war mit einfachen Tonfliesen belegt.

Der Kirchenbau verwandte die sogenannten Findlinge. Als Beispiel steht die gut erhaltene Dorfkirche in Middels, erbaut auf einer Kirchenwurt zwischen Osterloog und Westerloog an einer bedeutenden mittelalterlichen Handelsstraße. Bodenfunde belegen bereits eine vorchristliche Siedlung mit Gräberfeld und einen Kirchenbau aus Holz. Nach einer Brandzerstörung im frühen 13. Jahrhundert wurde über dem Gräberfeld eine künstliche Aufschüttung aus Heideplaggen angelegt, die Kirchenwurt, und eine Saalkirche mit runder Chorapsis aus Granitquadern errichtet.

Romanische Kirche in Middels, dargestellt im Modell, gebaut im Maßstab 1:50 von Joachim Gebhardt, Aurich 1986.

Weihwasserbecken aus der romanischen Kirche in Middels, gefertigt aus rotem Granit.

Für das romanische Weihwasserbecken wurde ein rot-schwarzer Granitfindling ausgewählt. Wie für das Kirchengemäuer schlug ihn der Steinmetz zunächst zu einem Quader zurecht und arbeitete anschließend die Mulde heraus. Um 1400 wurde die romanische halbrunde durch eine gotische mehreckige Apsis aus Granitquadern und Backsteinen ersetzt. In der südlichen Kirchenwand führte man Reparaturen in Backstein aus. Neue Fenster wurden eingebaut, wobei die Nordwand ihre Ursprünglichkeit bewahrte. 1935 musste die baufällige Westfassade mit modernen Backsteinen neu aufgemauert werden. Der am Rande der Wurt stehende Glockenturm aus Backstein stammt aus der Mitte des 14. Jahrhunderts. Er wurde später stark verändert.

Eala frya Fresena

*Messergriff mit Kopf-
darstellung, hergestellt
aus Bronze und Eisen
zwischen 1300 und 1500,
gefunden in Ihlow 1984.*

Kapitel 3

Kruzifix aus dem fürstlichen Mausoleum, hergestellt aus Silber und Ebenholz für die Schlosskapelle, Aurich, 16./17. Jahrhundert.

KAPITEL 4

MACHT UND HERRLICHKEIT

… dafür steht das fürstlich-ostfriesische Wappen. Eingeführt 1625 unter Christian Rudolf, stand das sechsfeldrige Wappenschild für die Einheit in der Vielfalt. Grafen und Fürsten prägen es fortan auf Münzen, besiegelten mit ihm ihre Schriftstücke und ließen es an ihre Bauten und Kirchenstühle setzen. Die sechs Felder zeigen die Wappenbilder der bedeutendsten ostfriesischen Häuptlingsgeschlechter, mit denen die Familie Cirksena entweder verwandt war oder deren Herrschaft sie übernahm. Oben links steht der Adler

Das fürstlich-ostfriesische Wappen, im 17. Jahrhundert geschnitzt und farblich gefasst aus Eichenholz, 1998 mit Mitteln des Landes Niedersachsen erworben und restauriert.

Kapitel 4

Das 1530 aus Sandstein gefertigte Stammwappen der Cirksena, eingesetzt in den Hauptturm beim Wiederaufbau des Schlosses nach einem Brand 1568.

mit weiblichem Antlitz und gelocktem Haar, der Jungfrauenadler, auch „Harpye" genannt, dem nach Inbesitznahme des Norderlandes vier Sporenräder beigefügt wurden. Er stellt das Stammwappen der eigenen Familie dar und ist in verschiedenen anderen Wappen wiederzufinden, so im Wappen der Stadt Emden, im Wappen von Delfzijl oder im Staatswappen des Fürstentums Liechtenstein. Rechts neben ihm steht der gekrönte Adler für die Familie tom Brok, die einst über das Auricher und das Brokmerland herrschte, bis Okko II. 1426 in der Schlacht auf den Wilden Äckern von Häuptling Focko Ukena besiegt wurde. In der Mitte trägt das linke Feld das Wappen der Häuptlingsfamilie Beninga von Manslagt in der Krummhörn. In der Waagerechten durch einen Balken mit fünf Rauten getrennt, stehen oberhalb zwei Sichelmonde und unterhalb einer. Das Erbe der Beninga war durch die Heirat der Tochter Gela von Manslagt mit Enno II. an die Familie Cirksena gefallen. Im rechten mittleren Feld steht ein Löwe mit gestürzter Krone um den Hals. Er stellt das Wappentier des Häuptlings Focko Ukena im Moormer- und Lengenerland dar, der nach dem Sieg über Okko II. tom Brok nicht nur über das südliche, sondern über fast ganz Ostfriesland herrschte. Doch seine Macht blieb angreifbar, und so gründete sich unter Edzard Cirksena der Freiheitsbund der Sieben Ostfrieslande und setzte sich erfolgreich gegen Unterdrückung und Belastung zur Wehr. Nach dem Fall seiner Burg 1431, musste Focko Ukena fliehen und lebte schließlich auf dem Schloss seiner zweiten Frau im niederländischen Dijkhuizen. Ukenas Enkelin Theda übrigens heiratete Edzards Enkel Ulrich und wurde nach dessen Tod die erste Regentin des geeinten Ostfrieslands. Das Wappentier der Ukena blieb bis heute im Wappen des Landkreises Leer erhalten. Die beiden unteren Felder des ostfriesischen Wappens vertreten gemeinsam das Harlingerland, links der Bär der Familie Attena aus Esens, der noch heute die Stadt vertritt, und rechts zwei sich kreuzende Peitschen für den Wittmunder Verwandten, Häuptling Hero Omken.

Anfangs besaß die ursprünglich aus Greetsiel stammende Häuptlingsfamilie Cirksena, beginnend 1464 mit Graf Ulrich I. und nach seinem Tod 1466 fortgesetzt mit Gräfin Theda, noch keine gesetzlich geregelte Erbfolge. Der in zweiter Generation regierende Graf Edzard I. musste sich dringend darum kümmern, eine erbrechtliche Teilung der Grafschaft zu verhindern. Und so verfasste er 1527 eine Erstgeburtenordnung und folgte ihr in seinem Testament, versäumte jedoch ihre gesetzmäßige Verankerung. Sein Sohn und rechtmäßiger Erbe, Graf Enno II., starb, als der älteste Sohn noch minderjährig war. Folglich regierte die Witwe, Gräfin Anna, 21 Jahre lang und veranlasste, dass 1558 alle drei Brüder, Edzard II., Christoff und Johann, vom Kaiser mit Ostfriesland belehnt wurden. Graf Edzard II. fühlte sich um sein väterliches Erbe betrogen und bemühte sich, nach seiner Heirat mit Katharina von Wasa, die Mitregentschaft seiner Brüder abzuwehren. Das Ehepaar verließ die Familie und zog von Emden ins Schloss nach Aurich. So wurde die in der Mitte der Grafschaft gelegene Stadt 1561 zum Sitz von Regierung und Verwaltung. Christoff starb früh, der Streit mit Johann jedoch ging bis vor den Kaiser. Dieser verfügte 1589, Johann solle die drei Ämter Greetsiel, Leerort und Stickhausen zu „seiner gänzlichen Abfindung" erhalten, die dann nach seinem Tode wieder an Edzard und seine nächsten Stammfolger fallen sollten. Als Johann 1591 starb, wurde die strenge Linearerbfolge mit einer kaiserlichen Urkunde für Ostfriesland festgeschrieben. Die alleinige Regierung des ältesten Sohnes, die sogenannte Primogenitur, war für immer gesichert.

Macht und politischer Einfluss veranlassten die nachfolgenden Generationen, den Titel eines Reichsfürsten anzustreben, was dem

Kapitel 4

1632 geborenen Enno Ludwig gelang. Durch Kaiser Ferdinand III. zum Reichsfürsten erhoben, erhielt er 1654 Sitz und Stimme auf der Fürstenbank des Reichstages. Der würdige Titel jedoch galt vorerst nur für seine Person.

Eine Harlinger Porträtfliese zeigt den ersten Fürsten Ostfrieslands, mit Schnäuzer, schulterlangem lockigen Haar, im Harnisch mit Schärpe und Kragen. Es ist das Porträt eines Bräutigams. Fürst Enno Ludwig von Ostfriesland wurde als Verlobter der Prinzessin Henriette Catharina neben 15 engsten Verwandten in die Fliesenserie der niederländischen Fürstenfamilie Oranien aufgenommen. Wenngleich die Braut 17-jährig die Verbindung auflöste und nach Anhalt-Dessau heiratete, blieb das Gesicht des ostfriesischen Regenten Teil der Porträtfliesen, die in Harlingen in Serie gefertigt wurden. War es die Schmach des zurückgewiesenen Bräutigams oder eine unzureichende Gesundheit, Enno Ludwig heiratete nie und starb im Alter von 28 Jahren. Seinen Fürstentitel hätte er an seinen erstgeborenen Sohn vererben können, den hatte er aber nicht. Sein Bruder Georg Christian trat die Nachfolge also wieder als Graf an, bemühte sich, die Reichsfürstenwürde erneut und nun erblich zu erwerben, um so politische Macht und Ansehen auch für die nachfolgenden Generationen zu sichern.

Mancher Brief, der in diesen Zusammenhang geschrieben wurde oder im Schloss zu Aurich eintraf, wird Vertrauliches zum Inhalt gehabt haben. Sollten Botschaften geheim übermittelt wer-

Porträt des Fürsten Enno Ludwig, abgebildet auf einer Fliese, gefertigt im niederländischen Harlingen zwischen 1670 und 1720.

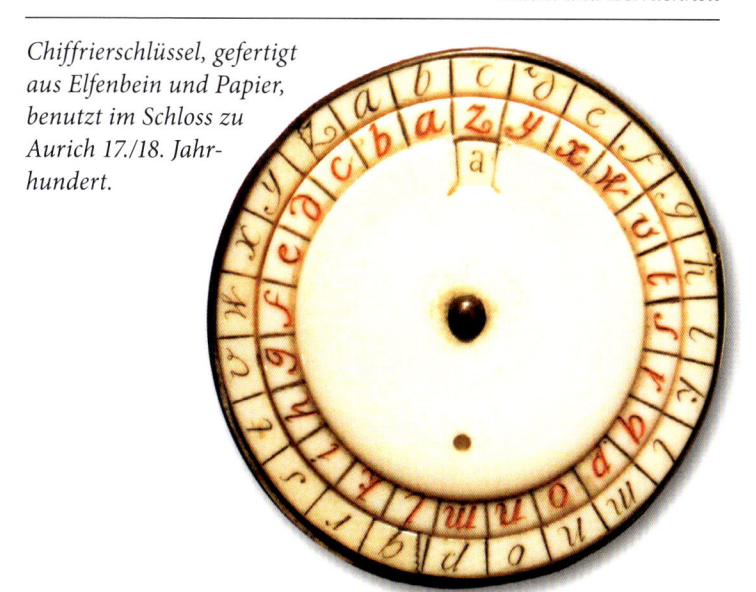

Chiffrierschlüssel, gefertigt aus Elfenbein und Papier, benutzt im Schloss zu Aurich 17./18. Jahrhundert.

den, so mussten sie für Fremde unlesbar gemacht werden. Zur Ver- und Entschlüsselung wurde ein Code geheimer Zeichen verwendet. Sowohl der Schreiber als auch der Empfänger benötigte den passenden Chiffrierschlüssel.

Wie sein Bruder regierte auch Georg Christian nur wenige Jahre. Wie so oft in der Geschichte der Cirksena starb auch er noch vor der Geburt seines Sohnes, sodass seine Witwe, die Fürstin Christine Charlotte, die Regierungsgeschäfte übernahm. Sie verwaltete das väterliche Erbe mehr als 20 Jahre lang für den Thronfolger Christian Eberhard, das einzige von drei Kindern, das ihr schließlich blieb. Vor ihm hatte die Fürstin Christine Charlotte zwei Töchter zur Welt gebracht. Jedoch starb Eberhardine Catharina Sophie vor ihrem Vater 1664 im Alter von einem Jahr, und Juliane Charlotte war zwei Jahre alt, als sie 1666 in den Sarkophag gelegt wurde. Bei Restaurierungsarbeiten im Mausoleum wurden ihr Festtagskleid aus Seidenmoirée und der goldene, mit einem Tafeldiamanten besetzte Fingerring dem Sarkophag entnommen, restauriert und ausgestellt. Von kostümkundlich besonderem Wert ist das Kleid mit seinen an den Schultern befestigten Gängelbändern, die, mit einer gewebten Borte verziert, noch betont wurden. Der Rücken zeigt die originale Schließbindung. Schürze, Ärmelzusätze, Kragen und die schwarzen Bänder am Ärmel wurden dem Kleid aus Anlass der Bestattung beigefügt.

Kapitel 4

Kinderkleid mit Gängelbändern, gefertigt aus Seidenmoirée, getragen von der Prinzessin Juliane Charlotte im 17. Jahrhundert, restauriert 1993.

*Goldener Fingerring mit Tafeldiamant, getragen von
Prinzessin Juliane Charlotte im 17. Jahrhundert.*

Auf die Gesundheit des einzigen Kindes, das ihr blieb, wird die Fürstin besonders Acht gegeben haben und auch darauf, den Thronfolger gut zu verheiraten. Eberhardine Sophie, geborene Prinzessin von Oettingen, kam aus ihrer Verwandtschaft. 19 Jahre war die Braut jung, als sie 1685 mit ihrem Vetter, dem 20-jährigen Christian Eberhard, verheiratet wurde. In ihren 15 Ehejahren schenkte sie elf Kindern das Leben, zwei weitere starben bei der Geburt, und sie selbst starb 34-jährig, während ihrer 14. Schwangerschaft. Bestattet wurde die Fürstin in einem kostbaren repräsentativen Kleid. Schnitt und Stoff waren aufwändig im Stil des barocken französischen Manteaukleides zum zweiteiligen Kleid mit Schleppenmantel verarbeitet. Als Oberstoff wurde ein silberner Seidenbrokat mit braunen, erhabenen Seidenmotiven verwandt. Als Unterstoff und Kanteneinfassung diente ein brauner Seidenatlas. Den Rocksaum zierte eine Silberspitze mit zwei unterschiedlichen, geschwungenen Motiven. Beim Öffnen des Sarkophags fand man lediglich Fragmente des Silberbrokats. Die Seide des Kettfadens war stark brüchig, teilweise sogar gänzlich vergangen. Oftmals war nur noch der silberne Schussfaden erhalten. Der braune Seidenatlas des Mantels befand sich in einem wesentlich besseren Zustand. Aufwändige Restaurierungen waren notwendig, um dieses – nicht nur für den ostfriesischen Hof – einzigartige Kleidungsstück zu restaurieren und zu erhalten.

Der zum Kleid gehörige Einsatz für das Dekolleté fehlte in der Sargausstattung. Hierzu diente ein dreieckig zugeschnittenes Stück Stoff, oftmals Brokat. Er wurde als Zierde in die vordere Öffnung des Mieders eingehakt oder eingeschnürt. Der sogenannte Stecker ersetzte das Brusttuch und war ein charakteristischer Bestandteil der höfischen Frauenmode. Aus Privatbesitz kam ein besonders schmückender Stecker aus doppelt genähter, mit Karton abgesteifter Seide, ganzflächig von einer aufwändigen Silberbrokatarbeit bedeckt, in die Museumssammlung. Eingehakt ins Mieder, fiel seine untere Spitze über den Rock des zweiteiligen Kleides.

Kapitel 4

Barockkleid im Stil der französischen Mode, gefertigt aus Seidenatlas und Silberbrokat, getragen von der Fürstin Eberhardine Sophie, restauriert 1985/98.

Macht und Herrlichkeit

Stecker, gefertigt aus Silberbrokat und Silberspitze auf Pappe und Seide, getragen in Aurich zwischen 1680 und 1720.

1690 übernahm der Thronfolger Christian Eberhard die Regierungsgeschäfte von seiner Mutter, die sich auf ihren Witwensitz, die Burg in Berum, zurückzog. 1708 folgte ihm sein noch nicht 19-jähriger Sohn Georg Albrecht. Er war der zweite Sohn des Fürsten Christian Eberhard und der Fürstin Eberhardine Sophie.

Wachsbildnisse besaßen an den europäischen Höfen des 17. und 18. Jahrhunderts eine besondere Anziehungskraft. Ludwig XIV., Friedrich II. und Peter der Große ließen ihr Porträt in Wachs modellieren. Ihnen wollte der ostfriesische Regent in nichts nachstehen, ließ sein Gesicht und seinen Oberkörper mit Harnisch aus Wachs modellieren und die Büste mit einem Hermelinmantel und einer Perücke aus Fasern dekorieren.

Viel Geld steckte Georg Albrecht in die Renovierung und den Ausbau des Auricher Schlosses. 1732 wurde das Obergeschoss des Marstalls in seinem Auftrag durch den fürstlichen Baumeister Anton Heinrich Horst gänzlich erneuert. Über dem Arkadengang des Erdgeschosses erhielt das Gebäude einen Balkon mit schmiede-

Kapitel 4

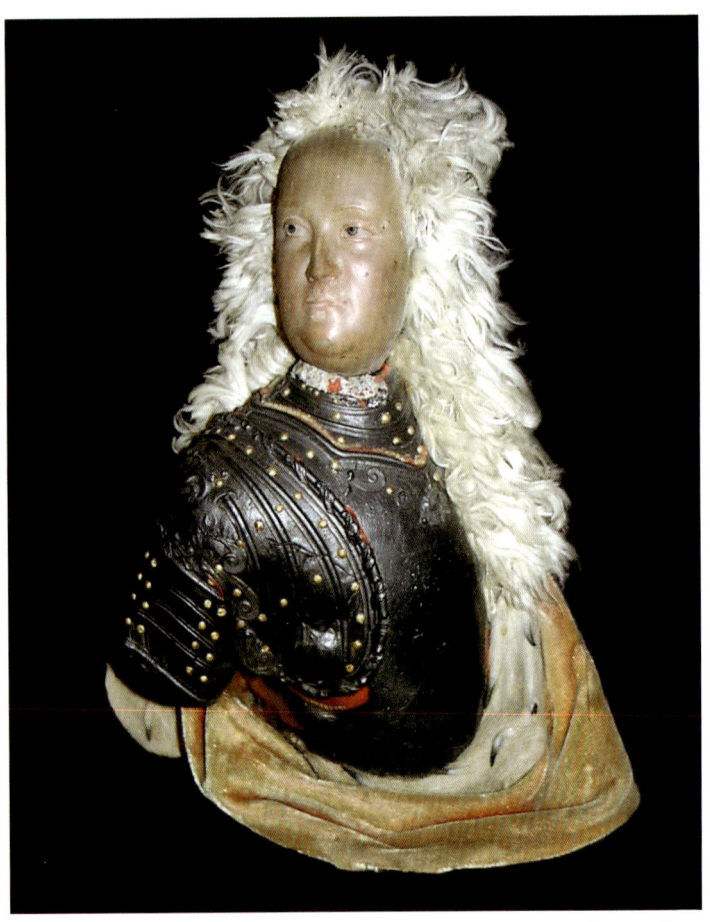

Büste des Fürsten Georg Albrecht, gefertigt aus Wachs, Anfang 17. Jahrhundert.

eiserner Brüstung, in der er seinen Namen mit den goldenen Initialen „G.A." verewigen ließ. Das renovierte Obergeschoss nahm Archiv, Rentkammer, Kanzlei und Hofgericht auf. Außerdem ließ er die Hauptwache bauen. Sie besaß eine Tordurchfahrt, die vor Betreten der Brücke zur Vorburg passiert werden musste.

Fürst Georg Albrecht regierte Ostfriesland von 1708 bis zu seinem Tod 1734. Seine Regierungszeit war geprägt von Glaubensauseinandersetzungen, wiederholt aufbrechenden Konflikten mit den Landständen und der katastrophalen Weihnachtsflut 1717. Sein prunkvolles Gemälde stammt von Johann Conrad Eichler, der auch den Bruder des Fürsten porträtierte. Der 1680 in Peine geborene Künstler, genoss eine Ausbildung als Porträtmaler in

Macht und Herrlichkeit

Fürst Georg Albrecht, gemalt 1718 von Johann Conrad Eichler, Öl auf Leinwand.

Rom bei Francesco Trevisani und Carlo Maratta. Er arbeitete ab 1717 als Hof- und Kabinettmaler in Braunschweig und von 1724 bis 1748 in Wolfenbüttel. Eichler malte für den Herzog Ludwig Rudolf von Braunschweig und dessen Gemahlin Christine Louise. Am Hof zu Braunschweig wird die ostfriesische Familie auf ihn aufmerksam geworden sein. Georg Albrechts Mutter Eberhardine Sophie, geboren 1666, stammte wie die oben genannte Ehefrau des Braunschweiger Herzogs Christine Louise, geboren 1671, aus dem Adelsgeschlecht Oettingen-Oettingen.

Fast zweihundert Jahre lang lebte die Familie Cirksena ständig in Aurich und hatte die kleine Stadt mitten in Ostfriesland zum Mittelpunkt des höfischen und politischen Lebens gemacht.

Kapitel 4

Modell des im 18. Jahrhundert umgebauten Marstalls, gebaut im Maßstab 1:100 von Joachim Gebhardt, Aurich 1993.

Macht und Herrlichkeit

Kapitel 4

Als Sinnbild für die Thronfolge der ostfriesischen Regenten steht der Prunkstuhl aus dem Schloss. Gedrechselt und geschnitzt aus Eichenholz, bespannt mit einer goldgeprägten Ziegenledertapete, wie sie in gleicher Art im Schloss Clemenswerth verwendet wurde. Ausgestattet mit goldenen Armlehnen, ist er Sinnbild für adeliges Standesbewusstsein im Zeitalter des Barock. Heute steht er in den Räumen der Alten Kanzlei, jenem denkmalgeschützten Gebäude aus der ersten Hälfte des 16. Jahrhunderts, in dem seit 1986 das Historische Museum Aurich untergebracht ist.

Macht und Reichtum kommen zum Ausdruck in Inventarverzeichnissen aus dem Auricher Schloss. 1728 nahmen beim Geburtstagsfest der Fürstin Sophie Caroline an der großen Tafel

Armlehnstuhl aus dem Residenzschloss, gefertigt im 17. Jahrhundert, später mit einer Ledertapete bezogen, restauriert 1960/86.

Macht und Herrlichkeit

Silberne Kanne für Kaffee bzw. heiße Milch, hergestellt um 1740 in Aurich in der Werkstatt Andreas Friese, gestempelt mit der Stadt- und Meistermarke sowie mit holländischer Steuermarke.

18 Gäste Platz, weitere speisten an der großen Marschallstafel. Am Nachmittag wurde Kaffee zur Musik serviert. Silberne Kannen für Kaffee und heiße Milch gehörten neben silbernen Dosen und Zuckerstreuern zum Tafelservice. Die kleine Kanne, die später als Kaffeekanne Verwendung fand, war ursprünglich für heiße Milch bestimmt. Sie ist schlicht gearbeitet, besitzt eine barocke Form mit getriebenen senkrechten Riefelungen, auf denen das Kerzenlicht, aus Silberleuchtern auf den Tisch geworfen, vielfach gebrochen wurde. Der Kannengriff ist aus edlem Ebenholz, auch der Deckelknauf besteht aus Holz. Zwei Stempel am Kannenboden weisen die Residenzstadt Aurich als Herkunftsort aus, die Stadtmarke „das gekrönte A" und die Meistermarke „A. F." für Andreas Friese. Der gebürtige Drontheimer Silberschmied war seit 1738 Bürger in Aurich. Bemerkenswert ist ein dritter Stempel am Kannendeckel. Er zeigt „das gekrönte O", eine königlich niederländische Steuermarke, und weist darauf hin, dass die Silberkanne zwischen 1806 und 1810 ein zweites Mal verkauft und geprüft wurde. In diesen Jahren gehörte Ostfriesland unter der Herrschaft Napoleons zum

Kapitel 4

Silberleuchter, hergestellt zwischen 1718 und 1747 in der Auricher Werkstatt Georg Ludwig Schröder, gestempelt mit der Stadt- und Meistermarke.

Königreich Holland. Zuvor war die Kanne bereits auf der Auktion zu Berum versteigert worden, denn als 1744 die Erbfolge der ostfriesischen Fürstenfamilie an den König von Preußen fiel, hinterließen die Cirksena viele Schulden. Diese wurden unter anderem durch den Verkauf des fürstlichen Silbers beglichen. Leuchter, die in der Regel paarweise hergestellt und benutzt wurden, fanden nicht immer den gleichen Käufer. So wie die zu einem Kaffeegeschirr gehörige silberne Milchkanne wurde auch das silberne Leuchterpaar aus der Werkstatt Georg Ludwig Schröder einzeln verkauft. Für die Museumssammlung wurden die beiden Kerzenständer einzeln und in unterschiedlichen Jahren erworben. Heute können sie wieder im Paar gezeigt werden.

Ob auch der reich verzierte Zuckerstreuer zum fürstlichen Inventar gehörte, kann nicht beantwortet werden, Zeit und Stil sprächen dafür. Er besitzt eine geschwungene Form. In seine glatte Wandung wurden Blumenranken eingraviert, aus dem Deckel zum Ausstreuen des Zuckers Blüten und kleine Blätter herausgestochen. Der Deckelknauf ist eine Blütenknospe mit drei Kelchblättern, der

Macht und Herrlichkeit

Silberner Zuckerstreuer, hergestellt um 1740 in Norden in der Werkstatt Hermann Neupert, gestempelt mit der Stadt- und Meistermarke.

Fuß mit einem Strichmuster verziert. Der Standring trägt sichtbar zwei Stempel. Sie belegen die Herkunft aus der Werkstatt Wilhelm Friedrich Kittel. Der 1738 in Aurich geborene Silberschmied führte den Betrieb seines Vaters in zweiter Generation fort. Vorbilder fand er bei seinem Berufskollegen, dem Hofgoldschmied Hermann Neupert in Norden, der einige Jahre in Berlin gearbeitet hatte.

Der Servierteller wurde um 1650, im Barock, in der Auricher Gold- und Silberschmiede Evert Gerdes hergestellt. Erst später, vermutlich um 1700, wurde das Wappen der Familie Jhering eingraviert. Ob jemand aus der Familie diesen Teller geschenkt bekam oder selber kaufte, lässt sich heute nicht mehr feststellen. Spätestens mit der nachträglichen Gravur mit dem Familienwappen wurde er zum wertvollen Schmuckstück. Im Auricher Staatsarchiv ist dokumentiert, welches Silbergerät der Auricher Fürsten in die Versteigerung gegeben wurde.

Nicht jeder, der seinem „durchlauchtigsten Fürsten und Herren, Fürsten zu Ostfrießland, Herren zu Esens, Stedeßdorff und Wittmundt" Treue und Gehorsam schwor, hatte auf alle Zeiten hin sein gutes Auskommen. Das zeigt die Geschichte, die sich hinter dem Mörser verbirgt. Der Mundschenk Johann Zacharias Kohlberger war aus dem Fürstentum Waldeck-Pyrmont nach Ostfriesland gekommen und belieferte seit 1714 den Hof zu Aurich mit Wein.

Kapitel 4

Silberteller der Familie Jhering, hergestellt um 1650 in der Auricher Werkstatt Evert Gerdes, graviert mit dem Familienwappen vermutlich um 1700.

1729 ersuchte er, aus fürstlichen Diensten entlassen zu werden. Häusliche Umstände hätten ihn zu diesem Schritt genötigt, erklärt er. Hintergrund war, dass der Auricher Fürstenhof ihm 564 Reichstaler für Wein und Gehälter schuldete. Seinem Gesuch wurde stattgegeben, und so trat Zacharias Kohlberger als Weinhändler in die Krämergilde ein, legte den Bürgereid ab und bewarb sich erfolgreich für den Auricher Rat. Er wurde zum Ratsherrn benannt und durch den Kanzler des Fürsten Enno Rudolph Brenneysen in sein Amt eingeführt. Seinen Bürgerstolz ließ er in die Wandung des Mörsers einschreiben „Zacharias Kohlberger, Herr zu Aurich, 1740".

Neben dem Silbergeschirr gehörten Karaffen und Trinkgefäße aus Kristallglas auf die festliche Tafel. In prunkvollen Glaspokalen, aus denen der Fürst und seine Gäste ihren Wein genossen, zeigten sich Reichtum und Ansehen. Glas war zwar längst bekannt, galt jedoch nach wie vor als kostbares Gut. Hergestellt aus Bergkristall und anspruchsvoll verziert mit farbigem Glasfluss oder bildhaften Gravuren, war es ein Hinweis darauf, dass es sich

Macht und Herrlichkeit

Bronzemörser mit der Inschrift „Zacharias Kohlberger, Herr zu Aurich, 1740".

um mehr als einen Gebrauchsgegenstand handelte. So blieben mundgeblasene Gläser vorerst dem Adel und Bürgertum vorbehalten. Das gemeine Volk trank wie im Mittelalter aus Zinn- oder Keramikbechern. Der Glaspokal mit Deckel ist eine Form aus dem 16. Jahrhundert. Für die Auricher Residenz schmückte man ihn mit dem ostfriesischen Wappen. Gefertigt wurden derartige Kostbarkeiten nicht in Ostfriesland, sondern in Thüringen und Sachsen. Genaueres ist nicht überliefert. Bekannt ist, dass ein Händler namens Johann Kaspar Kittel seit 1724 in Tannenberg einen überregionalen Glashandel betrieb. Für Handel und Gewerbe war es eine Ehre, im Auftrag des Adels zu arbeiten und die Fürstenhäuser in Europa zu beliefern.

Am 25. Mai 1734 wurde auf der Burg zu Berum zum letzten Mal die Hochzeit eines ostfriesischen Thronfolgers gefeiert. Der 1716 geborene Bräutigam Carl Edzard war das einzige Überlebende von fünf Kindern aus der Ehe von Fürst Georg Albrecht und Christine Louise. Im Alter von sieben Jahren hatte er seine Mutter verloren. Sein Vater hatte wieder geheiratet, Sophie Caroline von

Kapitel 4

Glasdeckelpokal, hergestellt zur Zeit des Fürsten Georg Albrecht in einer sächsischen Glashütte, Anfang des 18. Jahrhunderts.

Brandenburg-Kulmbach-Bayreuth. Da diese zweite Ehe kinderlos blieb, übertrug Georg Albrecht die Verantwortung für den Fortbestand seiner Linie schon früh auf seinen Sohn. Am 25. September 1733 wurde der Prinz mit Sophie Wilhelmine von Brandenburg-Kulmbach-Bayreuth, einer Nichte seiner Stiefmutter, verlobt. Zu diesem Zeitpunkt war Carl Edzard gerade 17 Jahre alt, auf vieles, was sonst zur Erziehung eines Thronfolgers gehörte, hatte er verzichten müssen, weil sein Vater im Sterben lag.

Zur Mitgift der Braut gehörte ein Hochzeitsservice, das um 1734 in der Bayreuther Fayencemanufaktur gefertigt wurde. Darauf weist das mit dem Pinsel auf die Unterseite gezeichnete Monogramm „B.K." hin. Bei dem zusätzlich aufgetragenen Buchstaben „C." handelt es sich vermutlich um eine Malersignatur. Als Rohstoff wurde ein gelblich-grau brennender Ton verwendet. Nach dem ersten Brand wurde eine weiße Glasur aus Zinnoxid aufgetragen, um den Eindruck von kostbarem Porzellan zu erwecken, das noch nicht in Deutschland produziert werden konnte. Nach dem Trocknen konnte auf dem weißen Untergrund die Bemalung aufgetragen werden. Hierfür wurde die Farbe Blau gewählt, womit man sich wiederum an dem damals aus China importierten Porzellan orientierte. Der große Fayenceteller trägt in der Mitte das Allianzwappen von Ostfriesland und Bayreuth. So dokumentiert das Prunkstück die engen Beziehungen, die über Generationen von der ostfriesischen Adelsfamilie mit den Bayreuther Verwandten gepflegt wurden. Über den beiden Wappen steht eine Herrscherkrone.

Schnell wurden die Vorbereitungen für die Vermählung getroffen. Denn bereits einen Monat später starb Fürst Georg Albrecht und Carl Edzard wurde Landesherr, ohne ausreichend vorbereitet zu sein. Seine Ehe blieb sechs Jahre lang kinderlos. 1740 kam seine Tochter Prinzessin Elisabeth Sophie zur Welt. Die Freude war groß, sollte das Kind doch die Stammeslinie der Cirksena weiterführen.

1744 war Sophie Wilhelmine schwanger, erlitt jedoch eine Fehlgeburt. Vier Tage darauf starb Carl Edzard an seinem zehnten Hochzeitstag überraschend im Alter von 28 Jahren. Der erhoffte männliche Thronerbe war ausgeblieben. Die Erbfolge brach ab. Die Herrschaft der ostfriesischen Adelsfamilie war beendet. Das Land fiel an Preußen. Als letzte ostfriesische Fürstin bewohnte Sophie Wilhelmine bis zu ihrem Tode 1749 einen Witwensitz auf dem Schloss zu Aurich. Bereits seit 1745 war sie schwer krank, sodass sie keine größeren Reisen mehr unternehmen konnte. Am 5. Januar 1745 verfasste sie ihr Testament. Haupterbe war ihr Bruder, der regierende Markgraf Friedrich von Bayreuth. Ob der Hochzeitsteller,

Kapitel 4

Hochzeitsteller mit fürstlichem Ehewappen, hergestellt in der Bayreuther Fayencemanufaktur, 1734.

ein Zeugnis aus hoffnungsvolleren Tagen des ostfriesischen Fürstengeschlechts, mit dem Nachlass nach Bayreuth überführt oder in Aurich veräußert wurde, ist nicht überliefert.

Auch die einzige Tochter hatte ihren Vater nicht überlebt. Sie war von zarter Gesundheit und starb viel zu früh, im Alter von zwei Jahren. Das der Prinzessin zugeschriebene Porträt wurde erst nach ihrem Tod gemalt. Es trägt keinen Titel und ist nicht signiert, soll aber vom letzten fürstlichen Hofmaler Hajo Ludwig Eyben gemalt worden sein. Das Bild zeigt ein mit Blumen geschmücktes Kleinkind mit runden, geröteten Wangen auf einem Samtkissen in einer herrschaftlichen Halle. Das Kind trägt ein rosafarbenes, mit Spitzen besetztes Kleid, dessen Kragen bemerkenswert weit ausgeschnitten ist. Eine Rose scheint aus seiner Hand zu fallen, dabei verliert die Blüte ihre weißen Blätter, ein Motiv für Unschuld, Reinheit und Vergänglichkeit. In seiner anderen Hand hält das Kind zusätzlich ein Vergissmeinnicht, das für die zärtliche Erinnerung und den liebevollen Abschied steht. Die Säule als Symbol für Macht, der Fliesenboden sowie der blaue Vorhang und das rote, mit Gold besetzte Samtkissen weisen auf die herrschaftliche Herkunft hin.

Macht und Herrlichkeit

Das Leben in der ehrwürdigen ostfriesischen Residenz veränderte sich, das Schloss war für immer verwaist und wurde zum reinen Verwaltungssitz und zur Kaserne. An alle amtlichen Gebäude der königlich-preußischen Regierung wurde ein neues Wappen angeschlagen (s. S. 68). Es zeigte den königlich-preußischen Adler mit Krone, Zepter und Reichsapfel. Auf seiner Brust stand das fürstlich-ostfriesische Wappen. Wichtigste Regierungsbehörde wurde die Kriegs- und Domänenkammer, die zuständig war für die Steuern und die Ausgabe von Landesmitteln. Die Auricher Bürger beobachteten die Veränderungen, hielten sie in Wort und Bild fest. Hermann Christian Neuperts Aquarell trägt den Titel „Aussicht auf das alte Auricher Schloss von der oberen großen Hinterstube des Conringschen Hauses in Aurich Burgstraße" und ist datiert auf den 10. Oktober 1825. Dargestellt ist

Porträt der Prinzessin Elisabeth Sophie, unbekannter Meister, ohne Jahr, Öl auf Leinwand.

Kapitel 4

Aussicht auf das alte Auricher Schloss von der oberen großen Hinterstube des Conringschen Hauses in Aurich Burgstraße, Hermann Christian Neupert, dat. 10.10.1825, Aquarell.

Macht und Herrlichkeit

Kapitel 4

Gussform mit dem königlich-preußischem Adler, verwendet für die Amtschilder in Aurich von 1744 bis 1807.

eine Ansicht des alten Cirksena-Schlosses von Nordost. Der Burgwall ist abgetragen, der Graben verfüllt. Der Blick fällt auf den Renaissancegiebel der Alten Münze, die zu Zeiten der Cirksena ein Kornspeicher war. Im Hintergrund ist der alte Schlossturm zu sehen, im Vordergrund eine Frau, die ihre Wäsche zum Bleichen auf der Wiese auslegt.

KAPITEL 5

WOHLSTAND, OSTFRIESISCHE LEBENSART UND BÜRGERSTOLZ

… ließen sich zur Jahrhundertwende 1799/1800 trotz mancher Unterschiede der Sitten und Gebräuche in den Städten sowie auf dem platten Land beobachten.

Der Beginn des neuen Jahrhunderts war geprägt von politischen Umbrüchen, denn in rascher Folge gehörte Ostfriesland nacheinander zu Preußen, Holland, Frankreich und Hannover. Besonders die Bürger am Regierungs- und Verwaltungssitz Aurich waren den wechselnden Moden unterworfen. Der landständische Beamte Tileman Dothias Wiarda beobachtete bei seinen Zeitgenossen die sich wandelnde bürgerliche Lebensart. Dabei war auch er in seinen Entscheidungen nicht frei von modischen Einflüssen, zumindest

Rokoko-Fensteroberlicht, hergestellt und vergoldet um 1760, restauriert 1995.

Kapitel 5

soweit sie den Umbau seines Wohnhauses betrafen. Als er 1782 das eingeschossige Gebäude aufstocken ließ, wurde die Fassade im klassizistischen Stil erneuert. Das schmiedeeiserne, vergoldete Fenstergitter über der Eingangstür stammte noch aus der Zeit des Rokoko (s. S. 69). Seine asymmetrische Dekoration mit zierlichen Blatt- und Blütenformen, die das Glas in lebendigen Ranken umrahmten, passte weder zur strengen Anordnung der übrigen Fenster noch zur neuen Eingangstür, und so ließ er den unteren Bogen des Rokoko-Rahmens begradigen.

Den Jahreswechsel kündigten die Kirchen mit einer besonderen Art des Glockenschlagens an, dem „Beiern", das an der gesamten Nordseeküste verbreitet war. Dabei blieb die Glocke unbewegt, stattdessen wurde der Klöppel von Hand mit Hilfe eines Zugseils gegen den Glockenmantel geschlagen. Im Glockenturm der Auricher Lambertikirche wird der alte Brauch heute noch gepflegt.

Traditionell gehörte zur Begrüßung des neuen Jahres ein besonderes Gebäck, die „Neeijaarskoken". Die handgeschmiedete Eisenzange mit den fast meterlangen Griffen diente zur Herstellung zarter Waffelblätter über dem offenen Feuer. Noch heiß wurde das dünne Gebäck zu einem Hörnchen aufgerollt, das schnell zu einer knusprigen Waffel erkaltete. Beide Backflächen wurden mit Bildern und Schriftzügen geschmückt. Die eingravierten Abbildungen von gekreuzten Hämmern, Zange und Amboss lassen vermuten, dass das Neujahrseisen von einem Schmied für den eigenen Haushalt angefertigt wurde. Passend zum Anlass lautet der Schriftzug „Das Alte ist vorbei. Ich schenk euch dis aufs neu. Ich wünsch zum neuen Jahr, das Gott uns stets bewahr."

Was die Religionszugehörigkeit anbetrifft, so waren die Ostfriesen im Westen calvinistisch reformiert und im Osten lutherisch. Als 1561 Gräfin Anna gestorben war, hatten die Zwistigkeiten zwischen ihren Söhnen zu Glaubensauseinandersetzungen und zur religiösen Spaltung des Landes geführt. Nachdem Ostfriesland in der folgenden Generation politisch wieder vereint war, erklärte Graf Enno III. in den Emder Konkordaten beide Konfessionen für gleichberechtigt und verfügte, dass innerhalb eines Ortes alle Einwohner in dieselbe Kirche gehen und einer Glaubensrichtung folgen sollten. Die Stadtkirche in Aurich hatte mit dem Sitz des lutherischen Fürstenhauses folglich eine lutherische Gemeinde. Im 17. Jahrhundert suchten französische Glaubensflüchtlinge, die Hugenotten, Zuflucht in Ostfriesland und baten erfolgreich darum, in Aurich eigene Gottesdienste

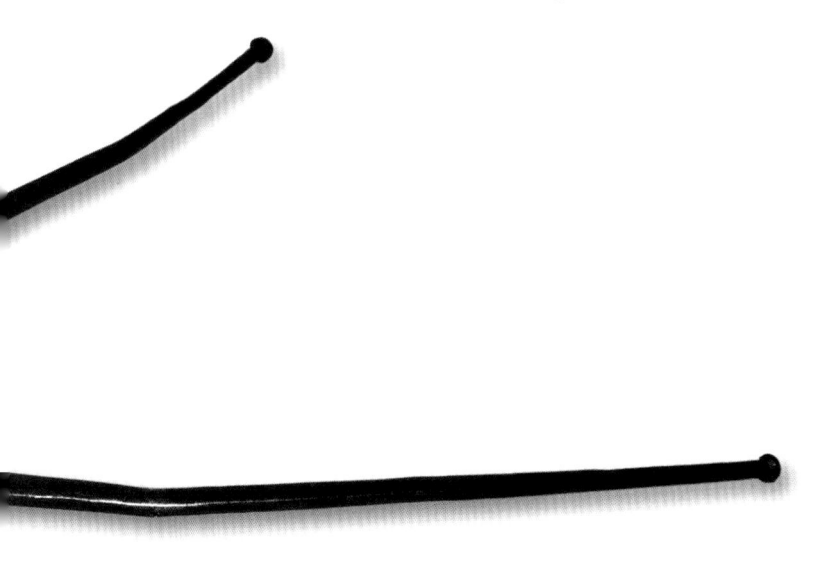

Waffeleisen „Das Alte ist vorbei. Ich schenk euch dis aufs neu. Ich wünsch zum neuen Jahr, das Gott uns stets bewahr", Aurich 1832.

Kapitel 5

Abendmahlsilber, gefertigt um 1700 in einer Augsburger Werkstatt, gestempelt mit dem Meisterzeichen „JB", benutzt in der fürstlichen Schlosskirche und in der evangelisch-reformierten Kirche zu Aurich.

zunächst in privaten Wohnungen abhalten zu dürfen. Unter der preußischen Regierung erhielt ihre Gemeinde einen Raum in der Schlosswache. Das Gebäude wurde 1811 bei einem Feuer zerstört. Daraufhin unterstützten die reformierten Christen die lutherische und die jüdische Gemeinde beim Bau eines Gotteshauses, das ihrem Glauben entsprechend das Wort Gottes in den Mittelpunkt setzte. In dem klassizistischen Gebäude mit runder Dachkuppel wurden die Sitzplätze im Rund auf die Kanzel ausgerichtet. Der Gemeinde wurde später das Abendmahlsgeschirr übereignet, das Georg Albrecht für die Schlosskirche in der Werkstatt Jacob Baur oder Johannes Biller in Augsburg bestellt hatte. Zum Silbergerät gehörten zwei Kelche, eine Kanne mit tief liegendem Leib und eine Patene in der klaren schlichten Form und mit dem kennzeichnenden symmetrischen Bandelwerk des Régence-Stils. Die Deckel waren mit dem Lamm Gottes als Symbol für den sich opfernden Christus bekrönt.

Wiarda hatte aus seiner Studierstube im Obergeschoss einen guten Überblick über das Treiben auf dem Auricher Marktplatz. Nebenan führte sein Freund, der Architekt und Gastwirtssohn Conrad Bernhard Meyer, den „Schwarzen Bären". Wie das Wohngebäude des Freundes baute er auch das Gasthaus um, gab ihm eine klassizistische Fassade und richtete 1793 ein Klub- und Lesezimmer ein, das sich zu einem Treffpunkt des kulturellen Lebens entwickelte. Denn in dieser Zeit gewährte das Allgemeine Preußische Landrecht den Untertanen, vorausgesetzt sie berieten keine politischen Angelegenheiten, Vereinigungs- und Versammlungsfreiheit. So fand sich regelmäßig eine Gesellschaft zusammen, die „Literarische Ressource". Ihre Mitglieder waren Beamte, Pastoren, Ärzte, Apotheker, Fabrikanten und auch einzelne Frauen, die sich täglich beim Studium der Journale und Bücher trafen. Bei den Vermögenden unter ihnen entwickelten sich ein Stolz auf Bildung und Lebensart. Ihre Söhne schickten sie an das von Fürst Ulrich II. 1646 als Lateinschule gegründete Gymnasium Ulricianum. Dort lernten die Jungen Latein, Griechisch und Hebräisch, wurden in Geschichte und Altertumskunde unterrichtet und auf ein wissenschaftliches Studium vorbereitet. Die Väter lasen das Politische Journal und bewarben sich um einen Sitz im Rat der Stadt. Sie achteten auf Kleidung und Haltung, kontrollierten ihre standesgemäße Erscheinung mit dem Blick in den Spiegel. Aus dem Ratssaal stammen zwei große Spiegel, deren grün- und blaugefasste Rahmen reich mit weißen Stuckelementen verziert sind. Neben Blatt- und Blütenornamenten zeigen die Rahmen die Kriegsgöttin Bellona mit Helm und Lanze sowie Apollon, den Gott der Künste und der Musik mit der Lyra.

Die Bürgersfrau wurde von jeglichen politischen Entscheidungen ferngehalten. Pressefreiheit und das Recht, sich öffentlich frei zu politischen Themen zu äußern, besaß auch der Bürgersmann noch nicht. Seit 1747 die „Wöchentlichen Ost-Friesischen Anzeigen" auf Befehl Friedrichs II. herausgegeben wurden, dienten sie ausschließlich offiziellen Verlautbarungen. Sie waren das Amtsblatt der preußischen Regierung. Unter dem preußischen Adler auf der Titelseite erfuhren die Bürger 1764 von der Instruktion ihres Königs, in Ostfrieslands Städten und Flecken Fabriken zu gründen. Durch wirtschaftliche Förderung sollte die Steuerkraft des Landes vermehrt werden. Fremde, Handwerker und Tagelöhner sollten angeworben werden, sich in Ostfriesland niederzulassen. Zu den Maßnahmen gehörte das Urbarmachungsedikt, mit dem Friedrich II. die ausgedehnten Moore zu Staatsbesitz erklärte. Die Kriegs- und Domänenkammer warb Siedler, die zum Dank für die

Kapitel 5

beschwerlichen Kultivierungsarbeiten Grundbesitz auf Erbpacht erhielten – ein verlockendes Angebot für jene, die bei der Verteilung des väterlichen Erbes leer ausgehen mussten oder von Geburt an zu den Besitzlosen zählten.

Empirespiegel mit der römischen Kriegsgöttin Bellona, gefertigt in Stuck, aus dem Auricher Rathaus am Marktplatz.

In Aurich lebten Arme, Kranke und Waisen von den Almosen der Bürger. Für sie war auf Beschluss des Armen-Collegiums in der Nachbarschaft der Kirche eine Wohn- und Pflegestätte errichtet worden. An das Auricher Armenhaus erinnert der Sandstein mit der Inschrift „Ulbeth Willems, Ede Willems, Hajo van Kleve und Arent Hermans, Vorstanderen der Armen hebben dit Gasthus laten Bovwen, Ano 1632". Hatte die Armenfürsorge anfangs unter dem Schutz des Fürstenhauses gestanden, das jährlich eine Zuwendung gewährte und gemäß einer Armenordnung erlaubte, in der Stadt auch außerhalb des Kirchbezirks Armenbüchsen aufzustellen, so änderte sich im Laufe des 18. Jahrhunderts die Einstellung gegenüber den Bedürftigen. Sofern sie arbeitsfähig waren, sollten sie zu einem Leben in bürgerlicher Ehrenhaftigkeit erzogen, zu Tätigkeit und Fleiß angehalten werden.

Steigende Getreidepreise begünstigten die ostfriesische Landwirtschaft. Wenn Getreide an den Händler zu verkaufen war, so wurden niederländische, als Laufgewichtswaage konstruierte Kornwaagen eingesetzt. Sie boten eine Grundlage, um den Preis auszuhandeln. In die zylindrische Waagschale, die ein festgesetztes Volumen besaß, wurde das Korn eingefüllt und mit einem Spachtel glattgestrichen. Auf dem längeren Teil des ungleicharmigen Hebels befand sich ein verschiebbares Gewicht. An jeder Kerbe, in der es beim Gleichgewicht hing, konnte die Last abgelesen werden. Der Hebelarm trug zu diesem Zweck drei verschiedene Maßeinteilungen. Da das Verhältnis von Volumen und Gewicht für hochwertiges Getreide bekannt war, ermöglichte das Messergebnis, die Güte des Korns einzuschätzen.

Sonntags ging man in die Kirche, Bäuerin wie Städterin im Sonntagskleid herausgeputzt. So kleidete sich eine wohlhabende Bäuerin im Auricher Amt mit einem in Falten gepressten, roten, grünen, blauen oder gestreiften Rock aus Wollstoff. Bevorzugt wurde für den Rock die sogenannte Fiefschaft verwendet, ein sehr dichtes Gewebe, das auf einer Leinenkette mit einem Schussfaden aus feingesponnener Schafswolle auf fünf Schächten gefertigt war. Über ihren Rock legte die Bäuerin die Sonntagsschürze aus braunem oder grünem Wolldamast. Ihre Schuhe waren flach und von feinem Leder, die feinen gestrickten Strümpfe hellblau oder weiß. Die Jacke oder Taille hieß „Bostrock", was mit Brusttuch übersetzt werden kann. Wie der Rock war sie aus Fiefschaft genäht. Vorzugsweise wurde der Stoff für den Bostrock damasziert, das hieß, er wurde zwischen heißen Platten oder vermittels eines heißen Steins glänzend gemacht. Aus den dreiviertellangen Jackenärmeln guckten die Ärmel des weißen Leinenhemds hervor. Schulter und

Kapitel 5

Widmungsstein des 1632 in Aurich errichteten Armengasthauses.

Kornwaage, gefertigt aus Messing von U(bbe) W(eerts) Becker, Niederlande, Emden, benutzt in Sandhorst.

Wohlstand, ostfriesische Lebensart und Bürgerstolz

Dekolleté wurden mit dem „Timptuch" aus feiner Wolle, Seide oder Batist bedeckt. Das Tuch wurde vor der Brust kreuzweise übereinandergelegt und blieb vom Hals so weit entfernt, dass die silberne oder goldene Hemdspange sichtbar blieb. Über allem wurde das Mieder aus rotem oder geblümtem Kattun getragen, der sogenannte Unnerpand. Das vordere und das hintere Teil dieses Kleidungsstücks sind nur durch eine schmale Schulternaht verbunden. Es wurde über den Kopf gezogen und seitlich mit Schnüren geschlossen.

Neben feinen gestrickten Handschuhen, die bis an die Fingerwurzel reichten, gehörte zur Tracht eine Kopfbedeckung, die „Hülle". Die Haube wurde genäht aus weißem, mit kleinen schwarzen oder großen Blumen bedrucktem Kattun oder aus Seidendamast mit Brokatspitze und Goldfadenstickerei. Das eingenähte Leinenfutter gab der Haube Stand. Mit Zugbändern wurde der Stoff im Nacken in Falten gezogen und dem Kopf angepasst. Über einen schmalen Messing- oder Silberbügel, das sogenannte Ohreisen, gelegt, wurde die Haube auf dem Hinterkopf befestigt.

Kapitel 5

Tracht einer Bäuerin, wie sie im Auricher Amt bis Mitte des 19. Jahrhunderts getragen wurde.

Wohlstand, ostfriesische Lebensart und Bürgerstolz

Das Ohreisen besteht aus einem Silberbügel mit dem Zeichen „TPN" für einen nicht bekannten Meister sowie aus zwei rechteckigen Goldplättchen mit „JM" für den Goldschmiedemeister Jan J. Mescher, der zwischen 1805 und 1846 in Emden arbeitete. Der silberne Bügel steckte auf dem Hinterkopf, sodass die seitlichen Bögen über die Ohren geführt wurden und die Goldplättchen sichtbar auf den Wangenknochen lagen.

Wie die Bäuerin trug auch die Städterin ihren Fiefschaftenrock. Sie kombinierte ihn modisch und wählte statt des Bostrocks eine kurze Frauenjacke französischen Stils, das sogenannte Caraco. Die Schöße waren hüftlang geschnitten und fielen im Rücken faltig über ein Polster. Die Ärmel waren schmal. In das tief und breit ausgeschnittene Dekolleté wurde das „Fichu", ein Dreieckstuch aus Batist, locker eingesteckt. Seit Anfang des 18. Jahrhunderts wirkte die französische Mode nicht nur auf den Adel sondern auch auf das gehobene Bürgertum ein. Im Laufe des Jahrhunderts kamen englische Einflüsse hinzu. Besonders beliebt wurden in Ostfriesland die mit kleinen Mustern bedruckten, feinen englischen Baumwollstoffe. So stammte der Schnitt des Caracos aus Frankreich und den

Seidenhaube mit Brokatspitze, getragen im Auricher Amt bis Mitte des 19. Jahrhunderts.

Kapitel 5

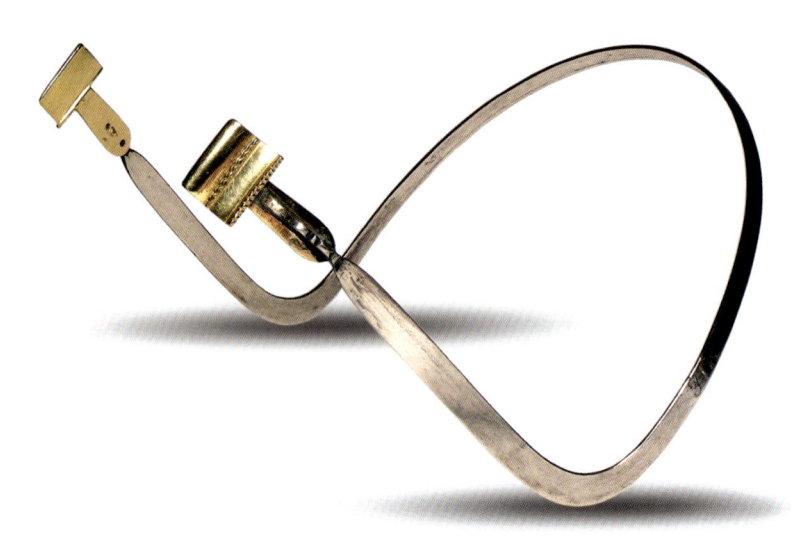

In Emden aus Silber und Gold gefertigtes Ohreisen mit Meisterzeichen „TPN" und „JM" für Jan J. Mescher, nach 1805.

Stoff bezog der Vater der Trägerin, ein ostfriesischer Tuchhändler, aus England.

Ebenfalls zurück in die Zeit vor der Französischen Revolution führt das Paar Damenschuhe mit Schnabelspitze und stark nach innen gezogenem Stöckelabsatz. Die Schnittkanten des einfarbigen Oberschuhs wurden aus dunkelbraunem Wildleder genäht und nicht gesäumt, sondern nur im Bereich der Ferse durch ein an der Innenseite eingenähtes Band verstärkt. Eine breit geschnittene Ristlasche wurde vermittels zweier seitlich angeschnittener Ristbänder am Fuß zusammen gehalten. Dazu brauchte man ein Paar Spangen aus Messing oder Silber. Für die Laufsohle verwendete der Schuster aufgerautes dunkles Leder, den Absatz bezog er mit rotem Glattleder und schloss die Naht mit naturfarbenem Zwirn.

Selbstverständlich sollte beim Verlassen des Hauses der Kopf bedeckt sein. Als der Kleidungsstil der Napoleonischen Zeit seine Vorbilder in der Antike fand, brachte die Mode für die Frau den Schutenhut hervor. Sie ist aus hellbraunem Chintz und handgenäht. In gleichmäßigen Abständen wurde das doppellagige Kopfteil mit Tunneln versehen. Durch diese wurde der Stoff in leichten Wellen auf mit Papier umwickelten Draht und auf gebogene Weidenstäbe geschoben. Am Hinterkopf wurde die Form durch eine rundgeflochtene Strohplatte vollendet. Im Nacken besaß der Hut einen Schleier. Unter dem Kinn wurde er von

Wohlstand, ostfriesische Lebensart und Bürgerstolz

Caraco, im 18. Jahrhundert aus englischem Baumwollstoff gefertigt, restauriert 1998.

Kapitel 5

Stöckelschuhe mit Schnabelspitze, gefertigt aus braunem Rau- und rotem Glattleder, 18. Jahrhundert.

einem Schleifenband gehalten. In ihrer Form entsprach die Schute den Kaleschen, in der Art eines Wagenklappverdecks gearbeitete Kapuzen, die den hohen Rokokofrisuren Schutz vor Feuchtigkeit und Wind boten. Derartige Kopfbedeckungen entsprachen der Frisurenmode, die das lange Haar in Form eines Knotens hoch auf dem Oberkopf anordnete und zu einem geflochtenen, fächerförmigen, spiral- oder schleifenartigen Gebilde arrangierte. Schmückend wurde das Haar mit einem Zierkamm aus Silber oder Horn festgesteckt. Für den Haarkamm aus Silberfiligran fanden vorgefertigte spiralförmig gedrehte Silberteile Verwendung. Bis heute genießt der ostfriesische Filigranschmuck eine besondere Wertschätzung und dient bei Hochzeit, Kindstaufe und Konfirmation als traditionsbewusstes Geschenk. Soweit der Ausflug in die Modegeschichte.

Die preußische Wirtschaftspolitik hatte Händler und Handwerker angesprochen, Unternehmergeist geweckt und Hoffnung gemacht, lang gehegte Pläne zu verwirklichen. Gemeinsam mit Emder Kaufleuten gründeten Auricher Bürger eine Aktiengesellschaft mit dem Ziel, Aurich mittels eines Kanals an den Emder Seehafen anzuschließen, die „Treckfahrt-Societät". Mit der Binnenschifffahrt sollte eine Erleichterung für Handel und Gewerbe erreicht werden. Schon unter fürstlicher Regierung war der Bau eines Kanals ins Auge gefasst worden. Der Verkehr zwischen der Regierungs- und der Seehafenstadt sollte endlich von jahreszeitlich bedingten Einschränkungen unabhängig werden. Insgesamt kamen 360 Aktien zu je 100 Reichstalern für Bau und Unterhaltung

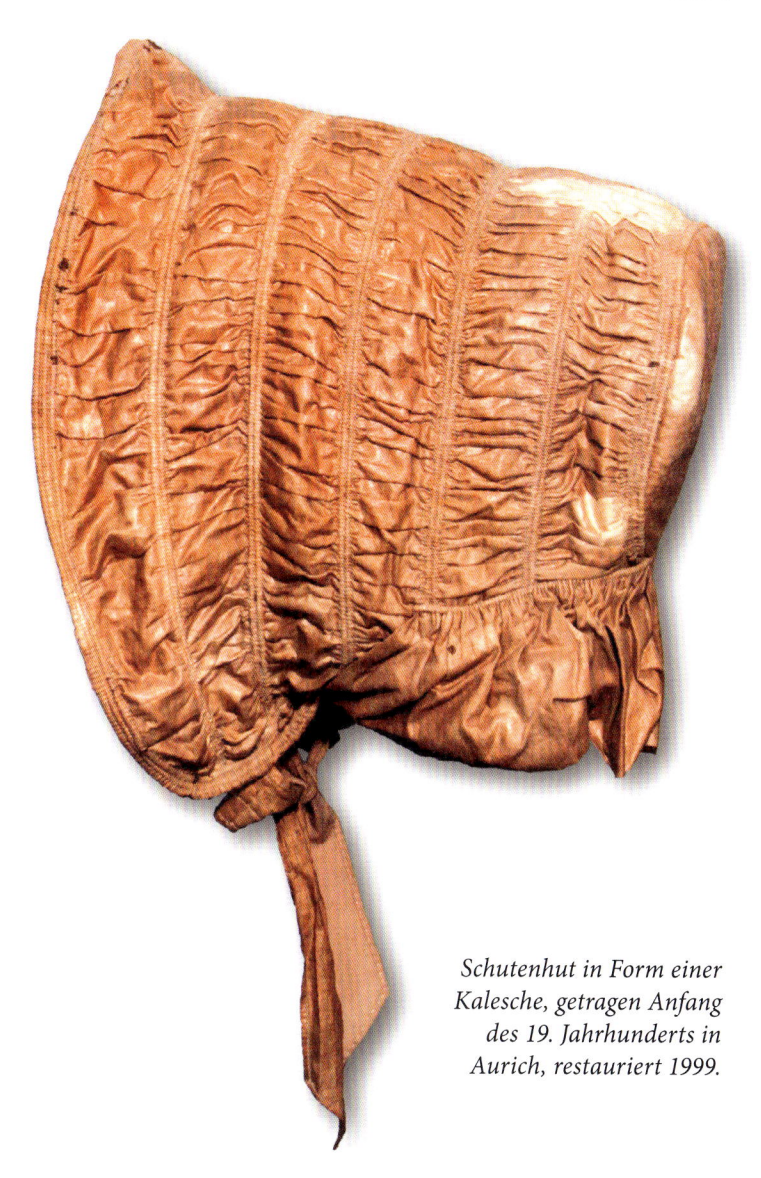

Wohlstand, ostfriesische Lebensart und Bürgerstolz

Schutenhut in Form einer Kalesche, getragen Anfang des 19. Jahrhunderts in Aurich, restauriert 1999.

des Schifffahrtweges zusammen. Nach mehreren Eingaben an König Friedrich II. erhielt man zu Beginn des Jahres 1798 die königliche Approbation. Unter Ausnutzung natürlicher Wasserläufe konnte der Kanal in der kurzen Zeit von 1798 bis 1799 mit drei Doppelschleusen, neun Brücken und dem Treidelweg für die Pferde gebaut werden. Aurich erhielt einen Hafen, der am 3. Oktober 1799 eingeweiht wurde.

Kapitel 5

Haarkamm aus Silberfiligran, gefertigt und getragen in Ostfriesland, um 1830.

Der Kupferstich „Aurich von der Wasserseite aus gesehen" übermittelt ein frühes Bild (s. S. 86/87). Das stattliche Gebäude rechts, war der Wohn- und Handelssitz des Unternehmers Conrad Bernhard Meyer, der, wie erwähnt, am Markt eine Gaststätte betrieb und sich als Baumeister und Künstler betätigte. Am Haus vorbei führte die Straße über eine Brücke ins Innere der Stadt mit dem Lambertikirchturm. Im Laufe des 19. Jahrhunderts wurde Aurich in alle Himmelrichtungen durch die Anlage von Vororten erweitert. Der ursprünglich am südlichen Eingang in die Stadt gelegene Hafen lag nun mitten in Aurich. Er wurde in den 1930er-Jahren zugeschüttet. An das alte Hafenbecken erinnert heute das Zinnfigurendiorama (s. S. 88/89), das in Zusammenarbeit mit den Leipziger Zinnfigurenfreunden für das Historische Museum Aurich entstand. Als Vorlage diente Lehmanns Kupferstich.

Wohlstand, ostfriesische Lebensart und Bürgerstolz

Wie erhofft, wirkte sich die Blüte der ostfriesischen Seehäfen auf das Binnenland aus und förderte in Aurich ein wohlsituiertes Bürgerleben. Das Haus der Familie Conring an der Burgstraße, das Haus der Familie Daniel an der Hafenstraße, die Reformierte Kirche, die neue Lambertikirche und das Friedhofswärterhaus geben noch heute Zeugnis vom Wirken des Baumeisters Meyer. Straßen wurden gebaut, der fürstliche Tiergarten und die Wallanlagen wieder gepflegt. Am Hafen und entlang des Kanals entstanden Fabriken. Aurich bekam eine Papiermühle, eine Sägemühle, eine Fayencefabrik und eine Tabakfabrik. 1798 wünschte die ostfriesische Ständeadministration, dass Ostfriesland nicht von dem preußischen Staatskörper getrennt werden sollte.

Das Aquarell „Aurich vom Treckfahrtskanal aus gesehen" stammt aus dem Jahr 1840 (s. S. 90/91). Von Haxtum im Nordwesten blickte der Künstler auf die Stadt mit ihren Türmen. Vorne links malte er die Papiermühle und die Fabrik Stallingslust. 1804 hatte der Oldenburger Unternehmer Gerhard Stalling die Papierfabrik in Haxtum bauen lassen. 1818 konnte die Mühle nach einem Brand wiederaufgebaut werden. Das Unternehmen war mittlerweile unter staatlichen Schutz gestellt, indem seit 1816 das Sammeln und Ausführen von Lumpen zum Nachteil der Stalling'schen Papiermühle bei Strafe verboten war. Nach einem Vergleich mit dem Lumpenhandel im Fürstentum Osnabrück waren die Preise festgeschrieben. Bis ein weiteres Feuer 1846 den Großteil der Fabrikanlagen vernichtete, produzierte die Auricher Papiermühle erfolgreich und nutzte den Kanal zum Abtransport.

Es fand bereits Erwähnung, dass die Jahrhundertwende 1799/1800 große politische Veränderungen nach Ostfriesland brachte. Europa stand unter dem Einfluss der Napoleonischen Kriege. Nachdem süddeutsche Fürsten den Rheinbund gegründet und sich freiwillig unter die Herrschaft Napoleons gestellt hatten, legte Franz II. die deutsche Kaiserkrone nieder. Napoleons Sieg und die Niederlage Österreichs und Russlands zwangen schließlich auch Preußen, ein Bündnis mit Frankreich einzugehen. König Friedrich Wilhelm III. ließ sich verpflichten, seine Häfen für den englischen Handel zu schließen. England antwortete verärgert mit einer Handelssperre und Kriegserklärung. Preußen schloss ein Bündnis mit Russland und erklärte seinerseits Frankreich den Krieg. Am 14. Oktober 1806 wurde die preußische Armee bei Jena und Auerstedt vernichtend geschlagen. Holländische Truppen besetzten Aurich. Mit seinem Bruder König Ludwig der Niederlande regelte Napoleon im Vertrag von Fontainebleau, Ostfrieslands Anschluss an das Königreich Holland. Auf dem Auricher Schlossplatz wurde

Kapitel 5

Kupferstich „Aurich von der Wasserseite aus gesehen", gezeichnet, gestochen und herausgegeben von G.A. Lehmann, um 1800.

Wohlstand, ostfriesische Lebensart und Bürgerstolz

Kapitel 5

Diorama vom alten Auricher Hafen mit Hafenwärterhaus „Pingelhus", gebaut von den Leipziger Zinnfigurenfreunden und Modellbau Frieden & Brieger, Aurich 1992/98.

die Proklamation des neuen Königs verlesen: „Der König verlangt nichts von Euch, als daß Ihr wahre Holländer seyd und Euer besonderes Interesse dem allgemeinen Wohl aufzuopfern wisset."

Das galt solange, bis Napoleon Holland mit dem französischen Kaiserreich vereinigte. Was war geschehen? Über Ostfriesland war reger Handel mit englischen Manufaktur- und Kolonialwaren geführt worden, diese Verletzung der Kontinentalsperre war Napoleon nicht verborgen geblieben.

Bis zum Russlandfeldzug der Großen Armee gehörten die Ostfriesen nun zum Napoleonischen Kaiserreich. Nach Napoleons verlustreicher Niederlage im Winter 1812 trat Preußen in ein Bündnis mit Russland ein. Wie überall in Norddeutschland regte sich auch in Ostfriesland Aufruhr. Kosaken rückten in Aurich ein. Am 17. November 1813 wurde Ostfriesland wieder preußisch, das Amtsblatt erschien wieder in deutscher Sprache. Der erste Artikel zu den Geschehnissen in Aurich berichtete über die Freude beim Empfang der preußischen Truppen. In Vertretung des Königs nahm Major

Wohlstand, ostfriesische Lebensart und Bürgerstolz

Carl Friedrich Friccius die Schlüssel der Stadt entgegen. In Wien tagte der Kongress mit dem Ziel, den politischen Zustand von 1792 wieder herzustellen. Für Nordwestdeutschland ging es vor allem um eine Einigung preußischer und hannoverscher Interessen. In der Wiener Schlussakte wurde Ostfriesland an Hannover abgetreten. Der König von Hannover besuchte Ostfriesland. Die Auricher Bürger empfingen ihn in einer festlich geschmückten Stadt. 1838 überreichten sie Ernst August, 1863 Georg V. die Stadttorschlüssel mit dem Auricher Wappenschild.

Hoffnungen, das Deutsche Reich würde sich nach dem Wiener Kongress neu und bürgerlich ordnen, blieben enttäuscht. Auch die Erwartung der 1816 erstmals an einer Allgemeinen Ständeversammlung für das Königreich Hannover teilnehmenden ostfriesischen Landstände, ihre alten ostfriesischen Vorrechte zurückzuerhalten, wurde enttäuscht. 1806 endete das Heilige Römische Reich Deutscher Nation. An seine Stelle trat 1815 der Deutsche Bund. Oberste Behörde wurde der Bundestag in Frankfurt. Seine Bundesakte

Kapitel 5

Aquarell „Aurich vom Treckfahrtskanal aus gesehen", gezeichnet von W. Eggen, Aurich im Dezember 1840.

Wohlstand, ostfriesische Lebensart und Bürgerstolz

Kapitel 5

Stadttorschlüssel für das Burg-, Oster- und Nordertor.

beinhaltete, die landständische Verfassung in allen Bundesstaaten wieder einzuführen, also auch in Hannover. 1823 übernahm die Landdrostei die Regierungsgeschäfte, die Polizeiverwaltung und einen Teil der Domänenangelegenheiten. Als höchster Vertreter der Landesherrschaft wurde der Landdrost in die Provinz geschickt. Die Städte Ostfrieslands erhielten eine neue Verfassungsurkunde. Aurich wurde „amtssässige Stadt". Hannover ernannte den Magistrat und bestätigte den auf Lebenszeit gewählten Bürgermeister.

Die Französische Revolution und die Napoleonischen Befreiungskriege wirkten nach. Mit dem Ziel, einen freiheitlichen deutschen Nationalstaat zu gründen, hatten Studenten für Ehre, Freiheit und Vaterland an den Napoleonischen Befreiungskriegen teilgenommen und 1815 in Jena die erste deutsche Burschenschaft gegründet. Zwei Jahre später trafen einige Hundert von ihnen beim Wartburgfest zusammen, wo sie ihren Unwillen über die politische Entwicklung zum Ausdruck brachten. An den Universitäten gründeten sich die Deutschen Burschenschaften als „ein einig Volk von Brüdern" für politische Freiheit und nationale Einheit. Das hatte zur Folge, dass ihre Vereinigungen bis 1830 verboten wurden.

Nach dieser Zeit wurde Friedrich Conring aus Aurich Student. Seine Porzellankopfpfeife weist darauf hin, dass er einer akademischen Verbindung angehörte. Die Pfeife ist bemalt mit schwarzweiß-roter Fahne und Preußischem Adler. Die Inschriften auf der Vorderseite lauten „Allemannia sei's Panier! Einer für Alle – Alle für einen! 18 Av! 56" und auf der Rückseite „W. Jung s/ml. F. Conring Av! 18 R. 61 EF!".

Wohlstand, ostfriesische Lebensart und Bürgerstolz

Porzellankopfpfeife „Allemannia sei's Panier!", gewidmet dem Studenten Friedrich Conring, 1861.

Kapitel 5

Amtsplakette des städtischen Polizeiwachtmeisters mit der Inschrift „Polizei Wachtmeister", Aurich, um 1831.

Die Dienstplakette in Silber kennzeichnete den Polizeiwachtmeister als Würdenträger der Staatsgewalt im Auftrag der städtischen Ordnung. Sie trägt das Auricher Stadtwappen, das gekrönte, aus dem Silber getriebene „A" zwischen zwei Bäumen sowie die gravierte Inschrift für den hohen Titel „Polizei Wachtmeister".

Die Bürger kultivierten eine eigene Lebensart, trafen sich im Privaten und pflegten das Familiäre. Das bürgerliche Wohnzimmer wurde zum Inbegriff der neuen Lebenseinstellung, die sich auf erworbenes Einkommen begründete. Bevorzugt herrschte eine schlichte Eleganz. Die Möbel wurden befreit vom unnützen Ballast eines höfisch-repräsentativen Stils. Handwerkliches Können wurde wertgeschätzt, und so achtete der Tischler auf die sorgfältige Verarbeitung hochwertiger Materialien. Das bürgerliche Haus, die bürgerliche Wohnung und das neue Wohnzimmer, auch das beschrieb Wiarda. Im einstigen „Saale ... stehen nunmehr die Wände ganz frey, und stehen nur noch ringsum mit einem Kannapee oder Sopha und mit elastischen Polstern versehenen Stühlen von Mahagoni Holz besetzt. Die Wände sind mit neumodischen papiernen Tapeten oder mit den feinsten Kupferstichen, die hinter einem Glase im vergoldeten Ramen eingefast sind, behangen. An der Decke hängt ein Kron Leuchter ..."

Mit seiner Länge von über zwei Metern beherrschte das Sofa den bürgerlichen Wohnraum der Biedermeierzeit, einheitlich klar und damit für Norddeutschland typisch in der Formgebung. Das lebhaft gemaserte, spiegelglatt polierte Mahagoniholz wird in der Frontansicht weder durch Zierrat noch durch die gewählte Stoffbespannung gestört. Die Armlehnen weisen geschwungen nach außen, wo sie jeweils in einer Rosette enden. Ihre Form nehmen im Gegenschwung die Füße wieder auf. Streng waagerecht verläuft die Rückenlehne über die gesamte Breite und schließt über den Armlehnen, ihren Schwung aufnehmend, in einem gerundeten fächerförmigen Ornament ab.

Die Wand über dem Sofa eignete sich für ein Porträt der Eheleute oder ein Familienbild. Neben dem Ölgemälde boten Silhouetten eine willkommene Möglichkeit, Bildnisse von Familienmitgliedern anfertigen zu lassen. Bevor Mitte des 19. Jahrhunderts per Zeitungsinserat Wanderfotografen ihre Künste zur Anfertigung von Daguerreotypien oder Licht-Porträts anboten, zog ein anderer Wanderkünstler durch Ostfriesland.

Der 1767 in Bonn geborene Caspar Dilly bot sich seit 1827 als Silhouetteur und Maler seinem Publikum an. Seine Auftraggeber fand er im Besonderen unter den ländlichen Familien Ostfrieslands. Sie nutzten seine Künste, um den Schattenriss des

Kapitel 5

Biedermeiersofa aus Kiefern- und Mahagoniholz, Seidenbezug erneuert, hergestellt in Norddeutschland, um 1830.

einzelnen Familienmitglieds in bezahlbaren Bildern festzuhalten. Seine Porträt- und Figurensilhouetten kennzeichnete eine besondere Technik. Mit Hilfe einer Nadel prägte Dilly vor der Bildmontage die schwarzen Schattenrisse von der Rückseite mit Linien und Punkten. Auf diese Weise ließen sich Haarlocken, Spitzen, Ziernähte, Knöpfe, Aufschläge und Bordüren oder auch ein Faltenwurf reliefartig herausarbeiten. Das Scherenschnittbild zeigt die Familie Muntinga in ihrem Garten in Coldemüntje in der Gemeinde Westoverledingen. Mutter und Großmutter sitzen am Teetisch. Die Kinder halten einen Zwieback, Vogel, Vogelnest, Taube oder eine Peitsche in den Händen. Wie der Vater tragen die größeren Söhne ein Petschaft zum Siegeln und Verschließen ihrer Briefe am Gürtel, der älteste besitzt zudem bereits eine Porzellankopfpfeife. Kleidung und Schmuck weisen auf einen Sonntag, die Pflanzen auf den Spätsommer hin. Bäume und Sträucher tragen Äpfel, Birnen, Zwetschgen und Beerenfrüchte. Blumen-

Wohlstand, ostfriesische Lebensart und Bürgerstolz

schalen aus Ton sind bepflanzt mit Rosen, Nelken, Hortensien und Veilchen.

Die Ostfriesen entwickelten ihre eigene Teekultur, das Rezept zur Mischung verschiedener Schwarzteesorten und das mit der „Ostfriesischen Rose" bemalte Porzellan. Das Teegeschirr, zu Fürstenzeiten aus China importiert und dem Adel, den reichen Kapitänshaushalten auf dem Fehn sowie den reichen Bauerfamilien auf der Marsch vorbehalten, wurde aus der Thüringer Manufaktur Wallendorf, wo man seit 1760 Porzellan herzustellen wusste, nach Ostfriesland gebracht. Seine Formgebung orientierte sich zunächst am Vorbild der chinesischen Importware. Die kleine henkellose Tasse erhielt eine große Untertasse mit hohem Rand, in die der Tee umgegossen wurde, sofern er zum Trinken zu heiß erschien. Die Teekanne bekam dem Aroma zuliebe eine niedrige kugelige Form. Gottfried Graef war alljährlich in den Sommermonaten nach Ostfriesland gekommen, wo er an der Küste und auf Norderney sein

Kapitel 5

Scherenschnittbild der Familie Muntinga, „v(on) Silhouetteur f(ecit) 12. May 1832."

Wohlstand, ostfriesische Lebensart und Bürgerstolz

Kapitel 5

Teegeschirr „Ostfriesische Rose", hergestellt in der Wallendorfer Porzellanmanufaktur, bemalt in Walle bei Aurich, um 1800.

Porzellan verkaufte. 1841 wurde die Familie des aus Thüringen stammenden Porzellanmalers in Walle bei Aurich ansässig.

Um den Tee heiß zu halten, wurde die Kanne auf ein Stövchen gestellt. Das hier abgebildete silberne Teestövchen aus Silberblech erhielt drei Beine mit Löwentatzen, die auf einer Grundplatte aus Ebenholz stehen. Der Korpus erhielt eine Ummantelung aus gegossenen Rosenranken, auf deren Blüten sich Schmetterlinge niedergelassen haben. Welch ein edles Bild für den mit einem Rosenschirr gedeckten Teetisch! Es stammt vom Meister Hayo Eberhard Croon, der 1805 in Wittmund als jüngster Sohn des Gold- und Silberschmiedemeisters Hinrich Bernhard Croon geboren, nach seiner Eheschließung Bürger der Stadt Aurich wurde und seit 1834 eine Werkstatt in bester Geschäftslage betrieb. Damit begründete auch er ein über Generationen in Aurich ansässiges Unternehmen. Einen Hinweis auf die Gold- und Silberschmiede Croon gibt noch heute ein Schild am ehemaligen Geschäftshaus in der Burgstraße.

Dass in Ostfriesland nicht nur Tee getrunken wurde, zeigt die Kranenkanne, die „Kraantjekanne". Sie diente seit dem 18. Jahr-

Silbernes Teestövchen, gefertigt in der Werkstatt Hayo Eberhard Croon, Aurich um 1830.

hundert zum Servieren von Kaffee. Die drei geschwungenen Füße ermöglichen das Unterstellen einer Feuerschale, des „Komfortje". Über der mit Glut gefüllten Schale wurde das Getränk heiß gehalten. Zum Einfüllen in die Tasse wurde der Hahn mit dem Kranschlüssel geöffnet. Neben der im inneren Boden eingeschlagenen Meistermarke weisen die Henkel in der Form eines Adlerkopfs auf die Werkstatt des Zinngießers Johann Bernhard Christoph Ronstadt in Leer hin.

Saß die Familie mit Gästen am Teetisch, beim Kaffee oder bei einem Glas Wein im Wohnzimmer zusammen, so wurde gelesen, gehandarbeitet oder auch musiziert. Dem Ausspruch „Frisia non cantat" zum Trotz gab es sie, die Hausmusik und die Konzerte im „Hotel Piquerhof", die die Gesellschaft der Musikliebhaber regelmäßig in den Wintermonaten veranstaltete. Von beiden wusste Wiarda zu berichten. Neben dem Klavier war die Geige ein beliebtes Instrument für die musikalische Unterweisung der Kinder. Die Viola ist böhmischer Herkunft. Nach 1800 wurde in einer Emder Werkstatt ihr Hals verlängert und so der damals gängigen Spielweise angepasst. Mittlerweile wurde das Instrument restauriert

Kapitel 5

Kranenkanne mit Feuerschale, hergestellt aus Zinn in der Werkstatt Johann Bernhard Christoph Ronstadt, Leer um 1830.

Viola (Bratsche), hergestellt in Böhmen, benutzt in Ostfriesland, vor 1750 bis ins 20. Jahrhundert.

und wieder in seine barocke Gestalt zurückgeführt. Der Korpus ist leicht gewölbt. Die Decke zeigt f-förmige Schalllöcher.

Während die Söhne aus den angesehenen Bürger- und reichen Bauernfamilien ein städtisches Gymnasium besuchten, gingen die Töchter zur Höheren Töchterschule. 1773 regte der Fürst zu Inn- und Kniphausen in einer Versammlung der Ostfriesischen Landstände an, in Aurich eine „Französische Frauenzimmerschule" einzurichten und sich „zu dem Ende eine tüchtige Französin zu verschreiben, welche fähig sei, die Jugend wohl zu erziehen, ihr die französische Sprache beizubringen, dem Körper einen guten Anstand zu geben, das Herz zu Gottes Ehr und ihrem eigenen Besten gehörig auszubilden, aus der Jugend geschickte und nützliche Personen zu formieren und dieselbe in denen dem fraulichen Geschlechte nötigen Wissenschaften unterrichten zu lassen." Der Lehrplan sah schließlich folgende Inhalte vor: Französisch sprechen, schreiben und lesen, Religion und religiöse Erziehung, Geografie, Geschichte und Sittenlehre „soweit solche zur Bildung des Verstandes und des Herzens eines wohlerzogenen Frauenzimmers zu wissen notwendig sei". Beim Rechnen und Zeichnen gab es den Zusatz „nach Frauenzimmerbedarf".

Ferner sollte die weibliche Jugend unterrichtet werden in den feinen Handarbeiten, wie Nähen, Sticken, Knüpfen und solchen, „die für Mädchen besserer Stände zur Herstellung von Kopfschmuck, Spitzenmanschetten, Jabots usw. notwendig" wären. Seit 1786 standen Deutsch, Musik und Tanz auf dem Stundenplan.

Stickmustertücher sind Zeugnisse der Mädchenerziehung (s. S. 106/107). Mit Nadel und Faden wurden kleine Bildmotive, Zahlen und Buchstaben mit buntem Seidengarn auf ein Stück Leinen oder Wollgewebe gemalt und geschrieben. Als Vorlagen dienten die Tücher der Mütter und Großmütter. So wurden die Motive über 400 Jahre bis zum Ende des 19. Jahrhunderts tradiert. Stickmustersammlungen beinhalten ein Stück Kulturgeschichte der Frauen. Neben der Erziehung zu Sorgfalt und Umsicht, zu Pflege und Achtung des Besitzes beinhalten sie christliche Glaubenswerte. So versinnbildlichen Kränze die Ewigkeit, zwei ineinander verschlungene die ewige Treue. Pflanzen und Blumen in strenger Symmetrie stellen den Baum des Lebens dar. Adam und Eva mit der Schlange unter dem Apfelbaum erzählen von der Vertreibung aus dem Paradies und erinnern an die Endlichkeit des Irdischen. Das Stickmustertuch zeigt in seiner Mitte die Initialen „J. K." und „C. K.", umrahmt von einem Blütenkranz, sowie die Jahreszahl „1832". Nachweislich stammt es von Juliana und Christiane Kittel, den Töchtern des Goldschmiedemeisters Christian Adolf Kittel und seiner Ehefrau Anna Katharina, geborene Wyborg. Später sollten die Töchter ihre Aussteuer mit ihrem Monogramm besticken. Auf die Ehe waren sie gut vorbereitet.

Zu ihrer Hochzeit gehörten eine Mitgift, die Aussteuer und eine Feier. Sah Ulrich II. sich 1647 noch genötigt, mit einer Verordnung gegen ausschweifende Feste vorzugehen, die das Vermögen der Brauteltern überstiegen, so beging man die Hochzeit laut Wiarda in den Jahren nach den Napoleonischen Kriegen eher still und bescheiden. Die Kosten wären derart eingeschränkt, dass manches Brautpaar sich auf dem Lande vom Dorfpfarrer trauen ließ und in aller Stille in die Stadt zurückkehrte. Wer eine große Feier veranstaltete, hätte dies um der Geschenke Willen getan. Im Gegensatz zu Wiarda stand ein Freundschaftskult, der uns in Briefen, Poesiealben und weiteren Erinnerungszeugnissen überliefert wurde. Dazu gehörten Geschenke, wie sie die Bräute von Schulfreundinnen empfingen. Im kleinen, vitrinenartigen Schrein ruht auf seidenem Kissen ein Halbkranz aus Haarblüten (s. S. 108). An den unterschiedlichen Farbschattierungen ist zu erkennen, dass vier Personen für diese Arbeit ihre Locken gaben. Die in liebevoller Handarbeit verknüpften Haarsträhnen standen für innige Verbundenheit. Treue und Freundschaft beschwor der Haarkranz durch die Blume. Etwa sieben verschiedene Blütenformen sind zu erkennen. Jede hatte ihre eigene Deutung.

Blumen- und Bänderschmuck galt als Sinnbild nie welkender Freundschaft und Liebe. So zierte eine Braut ihre Hochzeitsgabe an den künftigen Gatten mit Stoffblüten und Schleifenband. Die Tonpfeife (s. S. 109) trägt zwar keine Stempelmarke, stammt jedoch aus Aurich. Conrad Bernhard Meyer hatte 1806 am Hafen eine Fayencefabrik bauen lassen, die er wegen Vermögenseinbußen seit 1815 als Pfeifenfabrik weiterführte. Nach Meyers Tod 1840 wurde die Pfeifenproduktion eingestellt, die Fabrik als Töpferei verpachtet.

Friedrich Jentsch wurde in den Auricher Adressbüchern 1869 und 1880 als Inhaber geführt. 1850 waren die Auricher Berufstätigen zur Hälfte im Handwerk beschäftigt. 1864 sprach man gar von einer Überbesetzung im ostfriesischen Handwerker- und Arbeiterstand. Unter der holländischen Regierung galt Gewerbefreiheit, im Königreich Hannover wurden die alten Zustände wiederhergestellt. „Pötter Jentsch" stellte aus heimischem Ton Irdenware zur Ausstattung der Auricher Haushalte her: Schüsseln, Backformen, Teekannen und auch Stövchen.

Auf dem Boden des Tonstövchens (s. S. 110) steht die Signatur „F. Jentsch, Aurich". Seitenwände, Boden und Decke des viereckigen Stövchens wurden einzeln geprägt oder gegossen und dann zusammengefügt. Die durchbrochenen Wandungen erhielten Verzierungen aus Efeuranken und Blüten. Vor dem Brand wurde der Scherben ockerfarben glasiert.

Wie schon im Mittelalter sicherte der Zunftzwang die Existenz der hiesigen Handwerkerfamilien. Über die Bewertung des Meisterstücks war die Aufnahme in die Zunft und damit die Zahl der eigenständigen Betriebe geregelt. Streng achtete das Amt auf die Einhaltung der Bannmeile. Nur mit Erlaubnis der zünftigen Meister durfte sich ein Handwerker im Gebiet der „neegen Loogen" niederlassen. Mit der alten Zunftordnung erhielten auch die Zunftzeichen ihre Bedeutung zurück. Der Zinnbecher (s. S. 110) mit der Inschrift „Auricher Schmits-Ambts-Becher 1731" stand wie zur Zeit der Residenz wieder für die Grobschmiede, Kleinschmiede und Büchsenmacher. Während in anderen ostfriesischen Städten auch die Zinngießer dazugehörten, blieben diese in Aurich außerhalb des Amtes tätig. Das hatte die Auricher Schmiedezunft jedoch nicht davon abgehalten, ihren Zunftbecher aus Zinn gießen zu lassen. Der Becher trägt den Meisterstempel der Werkstatt

Kapitel 5

Wohlstand, ostfriesische Lebensart und Bürgerstolz

Stickmustertuch, gefertigt von den beiden Schwestern Juliane und Christiane Kittel, Aurich 1832.

Kapitel 5

Blütenkranz, gefertigt aus dem Haar vier verschiedener Personen, Aurich um 1840.

Wilhelm Hattermann. Nach seiner Heirat mit einer Auricherin war der Meister seit 1700 Bürger der Stadt. Er starb 1722, als sein Sohn und Nachfolger erst zehn Jahre alt war. Gemäß den Regeln der Zunft wird seine Witwe den Betrieb fortgeführt haben, bis der Sohn alt genug war, die Werkstatt zu führen. Wie der Firmengründer hieß auch er Wilhelm Hattermann. Zur Zeit der Fertigung des Schmiedeamtsbechers war er 19 Jahre alt.

1848 arbeiteten in den damaligen Stadtgrenzen Aurichs fünf Bierbrauereien, im Gebiet des heutigen Landkreises lag ihre Gesamtzahl bei 43 Betrieben. Eine der älteren, die Gastwirtschaft und Brauerei „Upstalsboom", braute seit 1840 in der Osterstraße. Ende des 19. Jahrhunderts verlegte sie ihre Produktion vor die Stadttore nach Egels. Hier blieb die Brauerei unter dem Namen Ostfriesische Actienbrauerei bis 1924 tätig. Eine andere Brauerei, die Kronenbrauerei, wurde 1898 in Haxtum gegründet. Das dünne Grundnahrungsmittel Bier hatte sich mittlerweile zu einem schmackhaften Genussmittel entwickelt. Dazu gehörte eine entsprechende Trink- und Gaststättenkultur mit den entsprechenden

Wohlstand, ostfriesische Lebensart und Bürgerstolz

Tonpfeife, eigens gefertigt und geschmückt zur Hochzeit, Aurich um 1825.

Kapitel 5

Stövchen aus Ton, Werkstatt Friedrich Jentsch, Aurich um 1875.

„Auricher Schmits-Ambts-Becher 1731", Zunftbecher der Schmiede und Büchsenmacher, gefertigt 1731 in der Werkstatt Hattermann, benutzt im 18. und 19. Jahrhundert.

Gefäßen. Die Bierkrüge der Auricher Kronenbrauerei G.m.b.H. standen, mit einer Nummer für den Stammgast versehen, im Schankraum bereit. Für das in Aurich gebraute Bier erhob die Obrigkeit eine Brau- und eine Biersteuer und für außerhalb von Aurich gebrautes Bier einen Einfuhrzoll.

Das Jahr der Auricher Bürger endete mit den Bräuchen zum Sünnerklaasfest, dem ursprünglich friesischen Bescherungsfest. Als Schutzpatron der Seefahrer besaß der Heilige Sankt Nikolaus in Ostfriesland ein hohes Ansehen. Bis ins 19. Jahrhundert hinein fand das Gabenfest nicht am 24., sondern am 6. Dezember statt. Der Spekulatius galt als typisches Geschenk, und noch heute finden Kinder den „Klaaskerl" aus Spekulatius zu Nikolaus in ihrem Stiefel. In das Spekulatiusmodell aus massivem Birnbaumholz wurden sorgfältig mit dem Hohleisen zwei christliche Motive eingeschnitzt. Auf der einen Seite war der Nikolaus: Mit einem Rock, besetzt mit Knöpfen und Tressen, dem lanzenähnlichen Bischofsstab und dem Bart wurde er als Soldat dargestellt. Die andere Seite zeigte das Schuppenkleid eines großen Fisches, geschmückt

Bierkrug „Auricher Kronenbrauerei G.m.b.H. N-29", benutzt in Aurich, um 1900.

Kapitel 5

Spekulatiusmodell, beidseitig zu benutzen mit Fisch und Klaaskerl, Aurich nach 1850.

Wohlstand, ostfriesische Lebensart und Bürgerstolz

an Schwanz und Flossen. Die Zackenlinie des Mauls verlieh ihm einen grimmigen Ausdruck. Der Fisch stand für Leben und Fruchtbarkeit. Der Überlieferung zufolge stammt das Spekulatiusbrett aus der Auricher Bäckerei von Oven. Eine Bäckerin Tätje von Oven ist für das Jahr 1869 belegt. Ihr Nachfolger 1880 war Heinrich von Oven.

KAPITEL 6

VOM STREBEN NACH NATIONALER EINIGUNG

... erfasst, schrieben die Bürger Petitionen an ihren König. Denn im territorial zersplitterten Deutschland sahen sie ihre wirtschaftlichen Entfaltungsmöglichkeiten von Zöllen, uneinheitlichen Maßen und Münzen beschnitten. Ihr Vorbild fanden sie im Mittelalter, als Deutschland unter den Ottonen, Saliern und Staufern eine europäische Großmacht gewesen war. Überwiegend liberal und national eingestellt, verlangten sie nach Schuldgeldfreiheit, öffentlicher Gerichtsbarkeit und zentraler Reichsgewalt. Für die Einigung des zersplitterten Deutschlands war man in der ostfriesischen Garnisonsstadt Aurich bereit, in den Krieg zu ziehen. 1866 erklärte Marie Ihering in ihrem „Vaterlandsschwur", ihren Sohn jederzeit für das geliebte Vaterland zu opfern.

Die *Auricher Handels-Zunft* ließ sich am *8. August 1863* eine neue Fahne fertigen. Das Banner wurde aus einer ungefärbten und einer schwarzen Bahn in lockerer Leinwandbindung gewebten Wolltuchs zusammengenäht. Der helle Stoff diente einer allegorischen Darstellung der Kaufmannschaft als Bildträger. Eichenblätter

Marie Jhering: Vaterlands-, Kriegs- und Siegesgedichte. 1866 und 1870, 2. Auflage, erschienen bei H.W.H. Tapper & Sohn, Aurich 1871.

Kapitel 6

Fahne der Auricher Handelszunft, gefertigt und signiert „AV" 1863, restauriert 1995.

und Lorbeerzweige bilden eine grüne Fläche, auf die eine Kiste und ein Fass gemalt wurden. Gemeinsam mit einem Anker symbolisierte das Eichenlaub die nationale Treue. Die Balkenwaage stand für Marktrecht und Gerechtigkeit. Der geflügelte Helm und der geflügelte Stab waren Zeichen für Merkur, den Gott des Handels. Die im Bild aufgenommene Signatur „AV" konnte bislang keinem Künstler zugeordnet werden.

Die ersehnte nationale Einheit kam 1871 mit dem Ende des Deutsch-Französischen Kriegs. König Wilhelm I. von Preußen ließ sich im Schloss zu Versailles zum Deutschen Kaiser krönen. Mit

Vom Streben nach nationaler Einigung

Illuminationen und Fahnenschmuck feierte Aurich die Reichseinigung und den Frieden. Zu Ehren des Kaisers wurde aus der Langen Straße die Wilhelmstraße. Das Füsilierbataillon des 78er Infanterieregiments kehrte, feierlich empfangen, nach Aurich zurück. Die Reservisten gründeten den Auricher Kriegerverein. Vor dem Schloss wurde ein Kriegerdenkmal aufgestellt. Kritische Stimmen waren im Auftrag der Regierung der polizeilichen Überwachung zu unterstellen. So wurde die königliche Landdrostei aufgefordert, den Innenminister über die Ausbreitung der sozialdemokratischen Vereine in der hiesigen Provinz genauestens in Kenntnis zu setzen.

Kapitel 6

Bürgermeister Müller sah sich zu der Erklärung veranlasst, dass sozialdemokratische Vereine und Parteien in Aurich nicht bestünden. „Weltpolitik als Aufgabe, Weltmacht als Ziel, Flotte als Instrument", so lautete die Devise der deutschen Außenpolitik.

Anlässlich des 70. Geburtstag des Kaisers schickte Heinrich Urban aus der Auricher Kirchstraße eine handgewebte Damastserviette nach Berlin, um sich und seine Werkstatt bei Hofe zu empfehlen. Das Bildmotiv zeigt ein Porträt Wilhelms I., die Brust mit Orden geschmückt, eingerahmt in einen Kranz von Lorbeerzweigen. Vorlage für das aus Leinen- und Seidengarn gewebte Tuch war vermutlich einer der populären Drucke der kaiserlichen Familie, die in der Gründerzeit als Wandschmuck auch in Ostfriesland verbreitet waren. Für die Umsetzung in das gewebte Bild war zuvor eine aufwändige Rasterzeichnung angefertigt worden. Urban hatte Erfolg. 1896 konnte er seine Werkstatt auf der Gewerbeausstellung in Berlin vertreten.

Damastserviette „Kaiser Wilhelm I., Kaiser des Deutschen Reiches, König von Preußen", hergestellt in der Damastweberei Heinrich Urban, Aurich um 1877.

Vom Streben nach nationaler Einigung

Aurich war Militärstandort. Die auf dem Schlossgelände stationierten Soldaten nutzten die Alte Münze und den Marstall als Kaserne. An der Hasseburger Straße betrieben die Offiziere ihr Kasino. 1867 wurden unter 4.919 städtischen Einwohnern 496 Militärpersonen gezählt. 1895 gehörte gut ein Fünftel der Männer dem neu geschaffenen Braunschweigisch-Ostfriesischen Infanterieregiment 78 an. Dem Uniformträger wurde Achtung entgegengebracht. Denn schließlich verdankte das Kaiserreich dem Sieg der Bundesarmeen die endlich geschaffene Einheit. Die gehobene militärische Laufbahn genoss gleichwertiges Ansehen wie das Studium an Hochschulen. Die gutbürgerlichen Familien schätzten Disziplin, zivilisierte Umgangsformen und Ordnung.

Der Offiziershelm, die „Pickelhaube", war Bestandteil der Ausgehuniform. Der Perlenkranz an der unteren Metallspitze, das Kreuzband mit vier Sternen, die Schuppenkette sowie die durchbrochene

Offiziershelm „Pickelhaube", getragen von einem Oberstleutnant im 73. hannoverschen Infanterieregiment „Prinz Albrecht von Preußen", Aurich um 1914.

Kapitel 6

Reservistenstab mit Portepee und Silbergriff (mit Inschrift „Wilhelm II. Deutscher Kaiser"), benutzt von einem Mitglied des Ostfriesischen Infanterieregiments Nr. 78, nach 1888.

Krone des Adlers kennzeichneten die leichte, lederne Haube der kaiserlich-preußischen Armee. Das Preußische Infanterie-Linienregiment ist ausgewiesen durch die seit 1871 schwarz-weiß-rote Reichskokarde und die schwarz-weiße preußische Landeskokarde. Das silberne Kreuz auf dem Körper des Adlers trug die Inschrift „mit Gott für König und Vaterland 1813". Ihr Träger, der Sohn einer Auricher Familie, diente als Oberstleutnant im 73. hannoverschen Infanterieregiment „Prinz Albrecht von Preußen".

Mit der Stellung des Reserveoffiziers blieb der berufliche Erfolg gesichert. Nach dem „Gesetz, betreffend die Verpflichtung zum Kriegsdienst" von 1867 leistete der junge Soldat sieben Jahre Dienst im stehenden Heer, davon drei aktiv und vier in der Reserve. Anschließend gehörte er für fünf Jahre der Landwehr an. Bis zum 42. Lebensjahr bestand Landsturmpflicht. Auch die Ehemaligen des Auricher 78er Bataillons sahen mit Stolz auf ihre Dienstzeit. 1873 gründeten die Reservisten ihren Kriegerverein. Stolz zeigten sie sich, ausgeschmückt mit Orden und Abzeichen. Imposant war der Stab zur Erinnerung an die Dienstzeit. Der silberne Griff wies mit der Inschrift auf den Kaiser als obersten Dienstherrn und das militärische Vorbild hin.

Der Anteil der jüdischen Einwohner lag in Aurich bei rund sieben Prozent. Jüdische Männer gehörten zur kaiserlichen Armee. Im Auricher Straßenbild waren sie zu erkennen an dem Scheitelkäppchen, der Kippah, mit der sie ihren Kopf bedeckten. Als orthodoxe Juden trugen sie die Kippah jederzeit. Sie brachten damit zum Ausdruck, dass sie sich dem allmächtigen Gott unterordneten.

Kippah, genäht aus blauen Samt, bestickt mit silbernen Blüten, getragen in Emden, um 1900.

Kapitel 6

Diejenigen, deren Glauben weniger streng geprägt war, beschränkten den Gebrauch der Kippah auf bestimmte Anlässe. Sie bedeckten ihren Kopf beim stillen Gebet zu Hause, beim Besuch der Synagoge oder Schule und beim Gang auf den jüdischen Friedhof an der Emder Chaussee.

Ursprünglich ein Symbol revolutionärer und liberaler Ideen, hatte sich der Zylinder im Laufe des 19. Jahrhunderts zum unverzichtbaren Bestandteil der Garderobe eines Mannes etabliert. Unter der Rubrik „Putzmacherinnen" führte das Auricher Adressbuch 1880/81 zehn Adressen, unter „Hut-, Mützen- und Pelzwarenhandlungen" drei. Darüber hinaus verfügte die Stadt über 15 „Manufaktur-Handlungen". Mittlerweile kamen Hüte verschiedenster Form als Fabrikware nach Ostfriesland. Ein Zylinder wurde in der Regel anlässlich der Hochzeit erworben. In glänzender schwarzer Seide blieb er der Abend- und Festgarderobe vorbehalten, in mattschwarzem Haarfilz gehörte er zur Berufskleidung und wurde, so er vorhanden war, als „Beerdigungshut" genutzt.

Nicht aus dem Straßenbild wegzudenken war um 1900 das Fahrrad. Im flachen Ostfriesland hatte es sich als vorzüglich geeignetes Fortbewegungsmittel erwiesen. 1904 eröffnete Otto Stamer an der Norderstraße eine Haushalts- und Eisenwarenhandlung, in der Fahrräder zum Preis von 100 bis 225 Mark angeboten wurden. Im

Zylinder aus schwarzem Haarfilz, getragen in Aurich, um 1900.

Vom Streben nach nationaler Einigung

Glaskrug „1. Preis für Touren Fahren 1904. All Heil. Radfahrer-Verein. Aurich 1893. Moritz Menssen", verliehen beim Stiftungsfest in Esens 1904.

Vergleich dazu kostete ein Pferd auf dem Auricher Viehmarkt 750 bis 1.100 Mark.

Das Fahrrad ließ sich auch sportlich nutzen, und so schlossen sich überall in Ostfriesland, auf dem Lande wie in der Stadt, Radfahrer in Vereinen zusammen. Im Sommer 1904 feierten sie gemeinsam mit dem Esenser Radfahrverein dessen 5. Stiftungsfest. Die Mitglieder des Auricher Radfahrvereins nahmen an der Korsofahrt und an den abendlichen Saal- und Kunstfahrten teil. Die Trophäe, den „1. Preis für Touren Fahren 1904", trug Moritz Menssen nach Hause, der in der Auricher Osterstraße einen Eisenwarenhandel betrieb und im Ostfriesischen Radfahrerbund den Vorsitz führte. Der Glaskrug mit Zinndeckel war bemalt mit dem Emblem des Auricher Radfahrer-Vereins „All Heil", mit seinem Gründungsjahr 1893 sowie dem Stadtwappen auf schwarz-rot-blauem Farbbanner der ostfriesischen Flagge.

KAPITEL 7

DANN MAG KOMMEN, WAS DA WILL

… so lautete 1917 die letzte Zeile eines Verses im Poesiealbum einer Schülerin aus Aurich. Der Erste Weltkrieg war 1914 in Europa entfacht worden. Als die ersten Soldaten an die Front fuhren, sollen ostfriesische Reserveoffiziere auf dem Bahnhof in Leer einen Eisenbahnwaggon mit den Worten „Rußland wird ostfriesisch" beschrieben haben. Mittlerweile währte der Krieg bereits drei Jahre. Mädchen und Frauen strickten Socken für die Soldaten an der Front.

Das Poesiealbum (s. S. 126) mit braunem Ledereinband trug zur Zierde Eichenlaub aus braun gefärbtem Messing. Eine Metallschließe machte das kleine Buch mit Goldschnitt zu einem Geheimnis. Die Einträge stammen aus den Jahren von 1917 bis 1919 sowie von 1921 und 1934. Neben allbekannte Werte wie Freundschaft, Erinnerung und Gottvertrauen traten vaterländische Gedanken. „Sei deutsch, bis du dereinst dem Heimatboden mit deinem Staub die letzte Schuld bezahlst", schrieb eine Mitschülerin im Mai 1918.

Zuhause fehlte es an allem, und der Winter sollte besonders hart werden. Später sprach man vom „Steckrübenwinter". Das Hungerjahr wurde auf dem dreiteiligen Miniaturporzellan (s. S. 127) mit schwarzem Trauerrand verewigt. Passend zu den Lebensmittelzuteilungen wurde jedem Teil sarkastisch seine Funktion zugewiesen: als „Kriegs Zuckerdose", „Kriegs Butterdose" sowie „Normal Milchkännchen für 12 Personen" mit einer Höhe und einem Durchmesser von nicht einmal fünf Zentimetern.

Die Schule bereitete die jungen Frauen auf ihre Rolle als Hausfrau, Mutter und Krankenschwester vor. Soldaten, die sich an der Front besonders hervortaten, wurden mit dem Eisernen Kreuz ausgezeichnet. Mancher von ihnen konnte die Auszeichnung selbst nicht mehr in Empfang nehmen, so wie Siegfried Wolff aus der Auricher Wallstraße. Seine Frau und drei Kinder lasen auf dem Gedenkstein „Wir starben für Euch, lebt für Euer Vaterland!" Andere kehrten körperlich verwundet und seelisch verletzt als Kriegsversehrte nach Hause zurück. In der ostfriesischen Garnison musste das Krankenhaus um Behelfsunterkünfte für verwundete Soldaten erweitert werden. Viele Kriegsheimkehrer mussten ihr tägliches Brot durch Saisonarbeit verdienen.

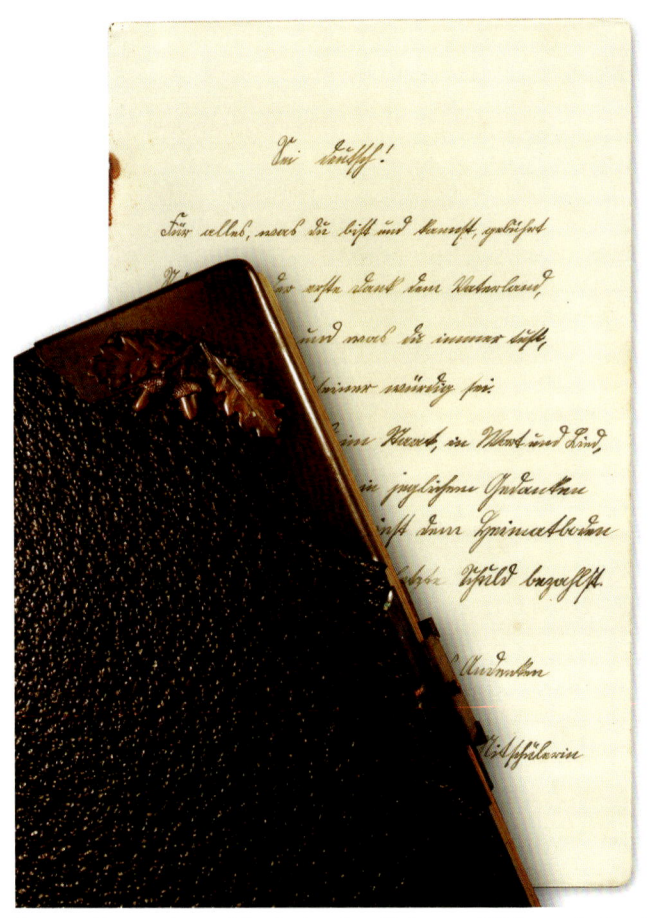

Poesiealbum einer Schülerin der Höheren Töchterschule Aurich, Einträge zwischen 1917 und 1934.

Der 1846 in Aurich geborene Rudolf Eucken studierte nach dem Abitur am Ulricianum der Universität Göttingen Philosophie, klassische Philologie und alte Geschichte. Er promovierte über Aristoteles und arbeitete anschließend als Lehrer an Gymnasien in Husum, Berlin und Frankfurt am Main, bis er 1871 als Ordinarius der Philosophie und Pädagogik an die Universität Basel berufen wurde. Seit 1874 lehrte er in Jena. Hier entwickelte er seine Philosophie und begründete den Neuidealismus. „In Anerkennung seines ernsthaften Suchens nach Wahrheit, der durchdringenden Kraft der Gedanken, seines visionären Weitblicks, der Wärme und Kraft der Darstellung, womit er in seinen zahlreichen Arbeiten eine idealistische Lebensphilosophie gerechtfertigt und entwickelt

Dann mag kommen, was da will

Kriegsporzellan, gefertigt und benutzt im Ersten Weltkrieg, 1917.

hat", wurde Eucken 1908 mit dem Nobelpreis für Literatur ausgezeichnet. In seinen Lebenserinnerungen schrieb er, Aurich hätte ihm eine geistige Atmosphäre geboten, „die wohl als glücklich gelten durfte." 1920 gründeten seine Freunde und Schüler den Eucken-Bund. 1926 starb Eucken in Jena. Seit 1927 erinnert ein Gedenkstein auf dem Auricher Friedhof an den bedeutenden Sohn der Stadt. Euckens Freund, der deutsch-jüdische Bildhauer Richard Engelmann, fertigte nach seinem Porträt die Büste, die 1929 in der 1897 von Hermann Noack in Berlin gegründeten Eisengießerei aus Bronze gegossen wurde.

Der Erste Weltkrieg endete mit sozialen Unruhen. Von Wilhelmshaven aus erfasste die Revolution im November 1918 auch Ostfriesland. Mancher Matrose der kaiserlichen Marine stammte aus einer ostfriesischen Familie. In den Marschendörfern zogen Landarbeiter auf die großen Bauernhöfe und räumten deren Vorratskammern. Ihre „Speckumzüge" wurden auch in den Städten als Bedrohung wahrgenommen. Um gegen derartige Ausschreitungen gewappnet zu sein, schlossen sich im Landkreis Aurich 2.000 und in der Stadt Aurich 243 Männer zusammen. Per Handschlag

Kapitel 7

Bronzebüste des Nobelpreisträgers Rudolf Eucken, gefertigt in Jena von Richard Engelmann, gegossen in der Eisengießerei Hermann Noack, Berlin Friedenau, 1929.

Armbinde der Einwohnerwehr Aurich, getragen in Aurich von 1919 bis 1921.

wurden sie auf die Verfassung der Weimarer Republik verpflichtet, durch die Reichswehr bewaffnet und erhielten die Armbinde der Einwohnerwehr Aurich. Sie liefen durch die Straßen und eskortierten „verdächtige Fremde". Da die Absicht der Reichswehr, die Einwohnerwehren als paramilitärische Verbände zu nutzen, gegen die Bestimmungen des Versailler Vertrags verstieß, musste die Auricher Einwohnerwehr 1921 aufgelöst werden.

Die Jahre nach dem Krieg und der Beginn der jungen Republik waren gekennzeichnet von der Entwertung der Deutschen Mark, eine Folge der Kriegsfinanzierung. Die Regierung hatte Banknoten drucken lassen, die weder durch Gold noch durch Sachwerte gedeckt waren. Zusätzlich belasteten Reparationsforderungen die deutsche Wirtschaft. Ein Geldschein nach dem anderen wurde in den Verkehr gebracht. Die Wertangaben stiegen ins Unermessliche. Die Deutsche Mark war nichts mehr wert. Das merkte man auch auf dem Auricher Markt. Kostete der Aal auf dem Pfingstmarkt 1922 bereits 70 Reichsmark, so lag der Preis 1923 bei 20.000 Reichsmark. Wer konnte, ließ sich seine Leistungen in Naturalien entgelten. Wer Waren besaß, hielt sie zurück. Wer Ersparnisse hatte, fühlte sich betrogen. Wer Grundstücke, Gebäude, Maschinen und Vorräte landwirtschaftlicher und gewerblicher Erzeugnisse mit Schulden erworben hatte, zog seinen Nutzen aus dem Geldverfall. Darunter litt das Ansehen der Weimarer Republik. Man gab der Republik die Schuld an den hohen Forderungen, die die Siegermächte stellten. Mit der Rentenmark wurde die Währung zum Jahresende 1923 stabilisiert. Auch in Aurich konnte man sich wieder etwas leisten. Die Geschäfte boten ihren Kunden nicht nur Notwendiges, sondern auch Modisches zum Kauf an.

Kapitel 7

Dass das weibliche Geschlecht von Natur aus eine schwache Wirbelsäule besäße und ohne Unterstützung keine aufrechte Haltung entwickeln könne, war eine herrschende Meinung geblieben. Mädchen hatte man jahrhundertelang in Schnürbrüste und Korsetts gezwängt. Dass damit gerade das Gegenteil erreicht wurde, forderte um 1800 bereits die Mediziner und im ausgehenden 19. Jahrhundert auch Frauenrechtlerinnen heraus. Sie setzten sich für die Abschaffung der Schnürleiber ein. Als sich um 1900 eine Bewegung formierte, die eine gesunde, natürliche Lebensführung propagierte, wollte sie auch die Frauen- und Kinderkleidung reformieren. Ihren Vorstellungen von einer bequemen, luftdurchlässigen und schlichten Kleidung zum Trotz gehörte der Geradehalter dazu. Als „Reformkorsett" war er in den Reformhäusern im Angebot. Der Geradehalter bestand aus zwei durch eine Schnürung verbundenen Stoffteilen, die im Rücken jeweils mit einer breiten starren Einlage aus Eisen verstärkt waren. Mit drei Riemen wurde er über den Schultern und unter der Brust festgezurrt und erzwang so die gerade Haltung. „Das sogenannte Reformkorsett ist als der schlimmste Feind wirklicher Reform zu verwerfen", stellte Meyers Konservationslexikon schon 1903 fest. In einer Zeit, als Mädchen oftmals bereits vom siebten Lebensjahr an ein Korsett trugen, konnte man sich der althergebrachten Vorstellung, dass der weibliche Körper eine Stütze nötig habe, offensichtlich nicht entziehen.

Nach einem kurzen wirtschaftlichen Aufschwung kam es Ende der 1920er-Jahre zur Weltwirtschaftskrise. In Deutschland stieg die Arbeitslosigkeit dramatisch an. Damit einher ging eine wachsende Unzufriedenheit. Die Nationalsozialisten nutzten die Stimmung. Bereits 1932 zogen Wahlerfolge der NSDAP den Parteivorsitzenden Adolf Hitler nach Aurich. Pastor Friedrichs weigerte sich, zu diesem Anlass die Kirchenglocken zu läuten. Die Zeitungen berichteten von einer Riesenkundgebung mit acht- bis zwanzigtausend Teilnehmern. Sie kamen aus ganz Ostfriesland und Oldenburg, um Hitler und den Ministerpräsidenten Carl Röver stürmisch zu begrüßen. In den folgenden Monaten fand die Bewegung immer mehr Anhänger. Anfangs stellte sich der Auricher Bürgermeister Dr. Karl Anklam noch den rassistischen Ausschreitungen entgegen, bis er im Mai 1933 seines Amtes enthoben wurde. Nach Jahren der heimlichen Aufrüstung wurde Deutschland 1939 in den Zweiten Weltkrieg geführt.

In den 1930er-Jahren waren erstmals antisemitische Äußerungen in Aurich laut geworden, und wie überall in Deutschland wurde in der Pogromnacht am 9. November 1939 die jüdische Synagoge in Brand gesteckt. Bei der Machtübernahme der Nationalsozialisten

Dann mag kommen, was da will

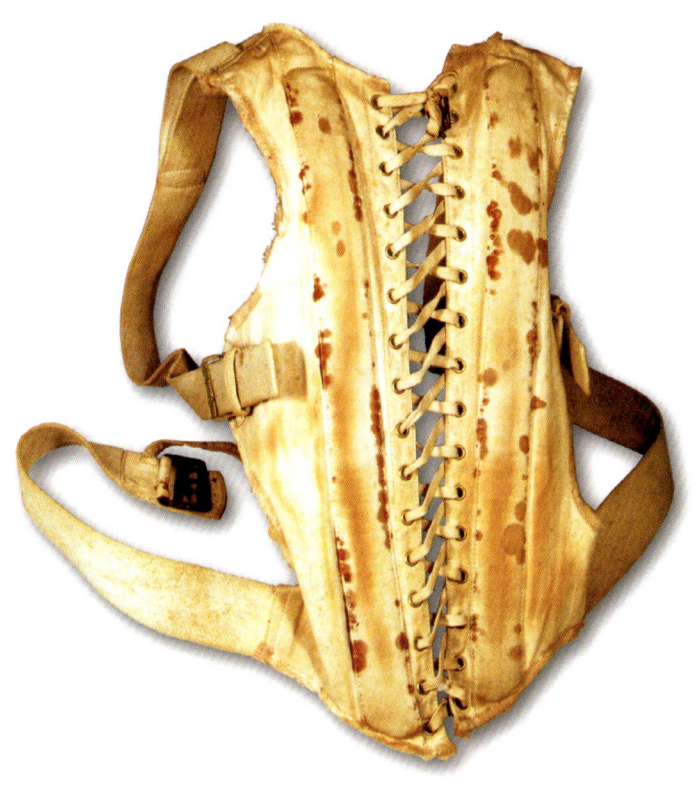

Geradehalter, genäht aus naturbelassenem Baumwollstoff mit Metallstäben, Schnallen und Ösen, gekauft und getragen in Aurich, 1920er-Jahre.

Anfang 1933 bewohnten die jüdischen Familien noch 77 Häuser der Stadt, betrieben 50 von 58 Viehhandlungen und Schlachtereien, zehn von 23 Manufaktur- und Wollwarengeschäften, Spinnereien und Färbereien sowie vier von sieben Handlungen für Lederwaren, Häute und Felle. Nach 1939 wurden sie gezwungen, die Stadt zu räumen. Als Vorsteher der jüdischen Gemeinde wurde Wolf Wolffs beauftragt, alle Auricher Juden zu bewegen, ihre Heimatstadt zu verlassen. Sie zogen nach Emden, Hamburg oder Den Haag. Von dort wurden sie in die Konzentrationslager im Osten verschleppt. Von den 400 Auricher Juden wurden nach Kriegsende 284 für tot erklärt. Ihrer Geschichte ist im Historischen Museum Aurich der Schaubereich „gedemütigt – verfolgt – ermordet" gewidmet. Als Zeichen der Versöhnung kehrte Anfang der 1990er-Jahre der „Tallit", der Gebetsschal des letzten Synagogenvorstehers nach Aurich zurück. Er besteht aus einem cremefarbenen Wolltuch mit

Kapitel 7

Tallit, getragen von Wolf Wolffs, dem letzten Vorsteher der jüdischen Gemeinde, Aurich um 1940.

schwarzen Streifen. Die Fransen stehen für die 365 Verbote und 248 Bestimmungen, nach denen der Jude leben soll. Die langen weißen Fäden an den vier Ecken ermahnen, die Regeln einzuhalten. Die überlebenden Mitglieder der Familie Wolff erinnerten sich an Aurich vor 1933 und schrieben: „Es war eine Stadt und es war eine Zeit, in welcher wir glücklich gewesen sind."

Die Folgen des Zweiten Weltkrieges waren verheerend. Kaum eine Familie in Europa blieb vom Krieg verschont, viele hatten Tote zu betrauern oder suchten nach Vermissten. Große Teile Deutschlands waren zerstört. In Ostfriesland war die Seehafenstadt Emden mehrfach bombardiert worden, während Aurich von größeren Zerstörungen verschont blieb. Viele Menschen verloren ihre Heimat, da diese entweder zerstört war oder die Menschen vertrieben wurden. Viele Flüchtlinge fanden in Aurich ein neues Zuhause oder wurden von hier in Ostfriesland verteilt. Am Ende des Zweiten Weltkriegs erfasste der Versorgungsmangel wieder alle Lebensbereiche. Auch wenn die ostfriesische Bevölkerung vorwiegend von der Landwirtschaft lebte, war sie nach 1945 auf Nahrungsmittelpakete und Weizenlieferungen aus den USA angewiesen. Neben dem Mangel an Nahrung fehlte es auch an wärmender Kleidung. Am härtesten betroffen war die Gruppe der Flüchtlinge und Vertriebenen. In Sammelaktionen wurde von offizieller Seite dazu aufgefordert, Mobiliar, Kleidung und Hausrat an Bedürftige abzugeben. Dabei waren alltägliche Versorgungsgüter in manchem Haushalt knapp geworden, und überhaupt benötigte der Verbraucher zu ihrer Beschaffung die entsprechenden Abschnitte der Kleider- und Lebensmittelkarten.

Das blaue Sommerkleid, das einst besseren Anlässen vorbehalten war, wurde bei der Landarbeit aufgetragen. Ein üppiges Blütenmuster zierte den feinen, blau gefärbten Baumwollstoff. Mit einer Druckform, dem Model, wurde das Motiv auf dem weißen Stoff reserviert, indem man den sogenannten Druckpapp Stück für Stück im Rapport auf den Stoff drückte. Nach dem Trocknen des Musterdrucks wurde der Stoff in der Indigo-Küpe blau eingefärbt. Anschließend wurde der Druckpapp in einem Chemiebad ausgewaschen. Das Blütenmuster erschien weiß auf blauem Grund. Seinem Schnitt nach entstand das Kleid Anfang der 1930er-Jahre. Das miederartige Oberteil, die Samtbesätze an Ausschnitt und Saumkanten sowie die ursprünglich sorgfältige Verarbeitung weisen auf ein sonntägliches Kleidungsstück hin. Spuren einer aufgetrennten Naht zeigen, dass die Taille zwischenzeitlich gekürzt worden war. Auch die Abnäher wurden verändert, die Knöpfe versetzt. Offensichtlich wurde das Kleid später umgeschnittert und aufgetragen. Dabei erhielt der

Kapitel 7

Sommerkleid, genäht im Stil der Trachtenmode aus Blaudruckstoff, um 1930.

Rock einen Flicken in der Höhe des Knies. Die Schultern und der Bereich des oberen Ärmels wurden mit Stoff hinterlegt und gestopft. So hatte man versucht, das Kleid trotz starken Verbrauchs zu erhalten. Schließlich wurde auch diese Sorgfalt aufgegeben. Über das Leben und die Arbeit der letzten Trägerin ist heute leider nichts Näheres bekannt. Diese Lücke mag die folgende Erinnerung Foolke Groenewegs schließen: „Und dann musste ich ja immer mit aufs Feld. Mit den Kartoffeln fing's an. Der Garten musste ja auch dran. Ein ganzer Acker wurde voll gemacht mit Bohnen. Ein kleines Beet mit Erdbeeren hatte ich auch (…) Das Schlimmste war, wenn Roggen und Hafer gemacht wurden. Beim Binden musste ich helfen. Das Hocken fiel mir so schwer. Dann kam das Heu, wenden, wenden. Dann wurde es gerollt, mit der Forke auf den Wagen. Da hatten wir drei Wochen mit zu tun (…) Gemolken haben wir mit der Hand und die schweren Milchkannen, 20 Liter, musste ich mit dem Joch an die Straße ziehen. Da hatte man 100 Pfund auf dem Buckel. Später hatte ich einen Bollerwagen (…) Dann die Runkelrüben. Wir saßen tagelang beim Hacken und Verziehen (…)."

Andere Kleidungsstücke zeigten von Beginn an, dass sie in Zeiten der Not hergestellt und getragen wurden; so wie die nach dem Zweiten Weltkrieg in der Auricher Holzschuhfabrik gefertigten Sandalen. Die Fußunterlage bildeten zwei Buchenholzteile, die ein Lederstreifen zusammenhielt. Um die untere Sohle vor Abrieb zu schützen, wurde sie am durchaus modernen Keilabsatz und am vorderen Fuß mit Hartgummi benagelt. In Ermangelung des Leders kam für den oberen Schuh und den Fersenriemen grober fester Leinenstoff zum Einsatz. Aus einem kleinen Lederrest wurden vier

Holzsandalen, gefertigt aus Buchenholz, Leinen und Hartgummi, Aurich nach 1945.

Kapitel 7

Rock, genäht aus der Hakenkreuzfahne, Moordorf nach 1945.

Rauten ausgeschnitten und, jeweils zwei übereinandergelegt, zur Zierde auf den vorderen Schuh genäht.

„Aus alt mach' neu" lautete die Devise in den gedruckten Haushaltsratgebern, denen die Hausfrau und Mutter bereits in den Kriegsjahren gefolgt war. Alte Pullover wurden aufgeribbelt, um aus der Wolle Strümpfe und Handschuhe zu stricken. Das eigene Kleid wurde zerschnitten, um einen Anzug für den Sohn zu nähen. Und im Winter nach dem Krieg erhielt die Tochter einen Mantel aus dem Offiziersmantel, den der Vater abgelegt hatte. Im Handarbeitsunterricht der Schulen zerschnitten die Töchter die Hakenkreuzfahnen, um den Stoff wiederzuverwenden. Das rote Tuch wurde zu einem Rock verarbeitet. Fehlstellen im Bund und am Träger wurden mit dem Weiß der Fahne ergänzt. Beim anschließenden Besticken diente der Rock im Unterricht als textiler Grund für unterschiedliche Stichübungen. Das Kleidungsstück zeigte deutliche Tragespuren. Offenbar war das Mädchen herausgewachsen. Der Saum wurde ausgelassen.

Nach der Kapitulation im Mai 1945 sammelten die Auricher Geld für eine neue Bekrönung des Lambertiturms. Die alte Kirchturmspitze war der Rüstungsindustrie anheimgefallen, die neue wurde nach ihrem Vorbild gefertigt. In ihrer Mitte wurde, eingerahmt von einer Raute, das Friedensjahr hineingeschrieben. Die obere Spitze bildete eine Wetterfahne mit dem Auricher Stadtwappen. An den Ecken der Rauten saßen vier goldene Kugeln. Die größere Kugel nahm eine Schatulle mit Schriftstücken auf. Dazu gehörte ein Schreiben, in dem unter der Überschrift „Flüchtlinge kommen an!" Bürgermeister, Rat der Stadt und Vertreter der Kirche die Bürger zu Spenden aufforderten. Geschirr, Kleider, Decken und alles, was entbehrlich war, sollte abgegeben werden. Die heimatlos gewordenen Menschen sollten verständnis- und rücksichtsvoll als Gäste in den Häusern aufgenommen werden. Konnte man sich in Aurich doch glücklich schätzen, dass die eigene Stadt in den letzten Kriegstagen vor sinnloser Zerstörung gerettet wurde. Nach Verhandlungen mit den aus dem Süden heranrückenden kanadischen Truppen war es gelungen, Aurich am 5. Mai 1945, um 10 Uhr, kampflos an diese zu übergeben. Bei einem Sturm im November 1992 brach die Spitze vom Dach des Kirchturms. Die Dokumente wurden der Kugel entnommen und die Bekrönung kam ins Museum, wo mit ihr der stadtgeschichtliche Rundgang in den Nachkriegsjahren endet.

Kapitel 7

Bekrönung des Auricher Lambertikirchturms, 1945 bis 1992.

LITERATUR

Arians, Horst: *Riechdosen und Kleinsilber aus Ostfriesland,* in: *Quellen zur Geschichte Ostfrieslands,* Bd. 19., hrsg. v. Ostfriesische Landschaft, Aurich 2011.

Behre, Karl-Ernst und van Lengen, Hajo (Hrsg.): *Ostfriesland. Geschichte und Gestalt einer Kulturlandschaft*, Aurich 1995.

Bley, Matthias und Junge, Brigitte: *Auricher Ansichten. Geschichte(n) auf Postkarten, Schriftenreihe des Historischen Museums der Stadt Aurich,* Bd. 14, Erfurt 2006.

Bruchstücke zur Geschichte und Topographie der Stadt Aurich bis zum Jahre 1813. Aus den hinterlassenen Papieren des Hofraths Wiarda. 1832, Reprint, Leer 1980.

Bruns, Silke und Kuppers, Wilhelm (Hrsg.): *Als Friesen Preußen waren. Ostfriesland im 18. Jahrhundert,* Ausstellungskatalog, hrsg. v. Ostfriesische Landschaft, Aurich 1997.

Conring, Werner: *Aurich unter den Cirksena. Die Stadt und Gerichtsverfassung der ostfriesischen Residenz Aurich bis zum Übergang Ostfrieslands an Preußen im Jahre 1744,* in: *Abhandlungen und Vorträge zur Geschichte Ostfrieslands,* Bd. 43, Aurich 1966.

Freudenberg, Friedrich (Hrsg.): *Heimische Pflanzen rund um Aurich. Eine Sammlung landschaftstypischer Arten von Kurt Johannsen, Schriftenreihe des Historischen Museums der Stadt Aurich,* Bd. 8, Aurich 1994.

Gauger, Gerd-G.: *Aurich – alte Residenz im neuen Rhythmus. 1960–1985,* Aurich 2003.

Gauger, Gerd-G.: *Aurich in Kaisers Rock und Petticoats. 1918–1959,* Aurich 2002.

Gramberg, Kalli: *Von C.B. Meyer bis auf unsere Tage,* 3 Bde, hrsg. v. Stadt Aurich, Norden 1992–1996.

HANGEN, HEDWIG: *Volkskunde und Brauchtum in Ostfriesland. Ergebnisse der Arbeitsgruppe Volkskunde und Brauchtum der Ostfriesischen Landschaft, aufgezeichnet von Ingrid Buck*, Aurich 1998.

HEISIG, DIRK (HRSG.): *Ostfriesisches Silber. ... eine Spurensuche in Schatzkammern Ostfrieslands*, Aurich 2007.

HISTORISCHES MUSEUM AURICH (HRSG.): *... und das Leben ging weiter. Auricher Frauenleben in den Kriegs- und Nachkriegsjahren*, Gudensberg-Gleichen 2002.

JHERING, MARTIN: *Hofleben in Ostfriesland. Die Fürstenresidenz Aurich im Jahre 1728*, Veröffentlichungen der Historischen Kommission für Niedersachsen und Bremen, Bd. 223, Hannover 2005.

JUNGE, BRIGITTE: *Oben nicht ohne Hut*, Schriftenreihe des Historischen Museums der Stadt Aurich, Bd. 17, Aurich 2010.

JUNGE, BRIGITTE: *Vom gelehrten Frauenzimmer zur Frau Doktor. Doktor Hermine Heusler-Edenhuizen*, Schriftenreihe des Historischen Museums der Stadt Aurich, Bd. 19, Aurich 2012.

KIRCHENVORSTAND DER EV.-LUTH. LAMBERTI-KIRCHENGEMEINDE AURICH (HRSG.): *175 Jahre Lambertikirche in Aurich 1835–2010*, Aurich 2010.

LÜPKES, WIARD: *Ostfriesische Volkskunde*, Emden 1925.

NASSUA, RUDOLF: *Das Ende des Zweiten Weltkriegs in Aurich*, in: Beiträge zur Geschichte Ostfrieslands, hrsg. v. Heimatverein Aurich mit Unterstützung der Stadt, Aurich 1991.

NASSUA, RUDOLF: *Die Einwohnerwehr Aurich 1919/1921*, in: Beiträge zur Geschichte Ostfrieslands, hrsg. v. Heimatverein Aurich mit Unterstützung der Stadt, Aurich 2001.

OSTFRIESISCHE LANDSCHAFT (HRSG.): *Ostfriesland. Geschichte und Gestalt einer Kulturlandschaft*, Aurich 1995.

Ostfriesland. Führer zu den archäologischen Denkmälern in Deutschland, Bd. 35, Stuttgart 1999.

OTTENJANN, HELMUT: *Der Silhouetteur Caspar Dilly. Familienbilder der Landbevölkerung 1805–1841*, in: *Die Blaue Reihe, Heft 3*, hrsg. v. Heimatbund für das Oldenburger Münsterland, Cloppenburg 1998.

REYER, HERBERT (HRSG.): *Aurich im Nationalsozialismus*, in: *Abhandlungen und Vorträge zur Geschichte Ostfrieslands*, Bd. 69, Ostfriesische Landschaft, Aurich 1993.

REYER, HERBERT UND TIELKE, MARTIN (HRSG.): *Frisia Judaica, Beiträge zur Geschichte der Juden in Ostfriesland*, in: *Abhandlungen und Vorträge zur Geschichte Ostfrieslands*, Bd. 67, Aurich 1991.

SCHMIDT, HEINRICH: *Ostfriesland und Oldenburg. Gesammelte Beiträge zur norddeutschen Landesgeschichte*, hrsg. v. Hinrichs, Ernst und van Lengen, Hajo, Aurich 2008.

SCHMIDT, HEINRICH: *Politische Geschichte Ostfrieslands*, in: Ohling, Jannes (Hrsg.): *Ostfriesland im Schutze des Deiches. Beiträge zur Kultur- und Wirtschaftsgeschichte des ostfriesischen Küstenlandes*, Bd. 5, Pewsum 1974.

STERNBERG, HANS J. UND SHELLEDY, JAMES E.: *Von Ostfriesland nach Louisiana – Flucht einer jüdischen Familie. Aus dem Amerikanischen v. Rainer Wehlen*, hrsg. v. Deutsch-Israelische Gesellschaft – Arbeitsgemeinschaft Ostfriesland, Aurich 2012.

TIELKE, MARTIN (HRSG.): *Biographisches Lexikon für Ostfriesland*, Bd. 1–4, Aurich 1993–2007.

VAN SENDEN, FRIEDRICH: *Tage der Entscheidung. Wie Aurich im Mai 1945 vor der Vernichtung bewahrt wurde*, Aurich o. J.

VAN LENGEN, HAJO (HRSG.): *Collectanea Frisica. Beiträge zur historischen Landeskunde Ostfrieslands*, in: *Abhandlungen und Vorträge zur Geschichte Ostfrieslands*, Bd. 74, Aurich 1995.

VAN LENGEN, HAJO (HRSG.): *Die Friesische Freiheit des Mittelalters – Leben und Legende*, Aurich 2003.

Buchhinweise

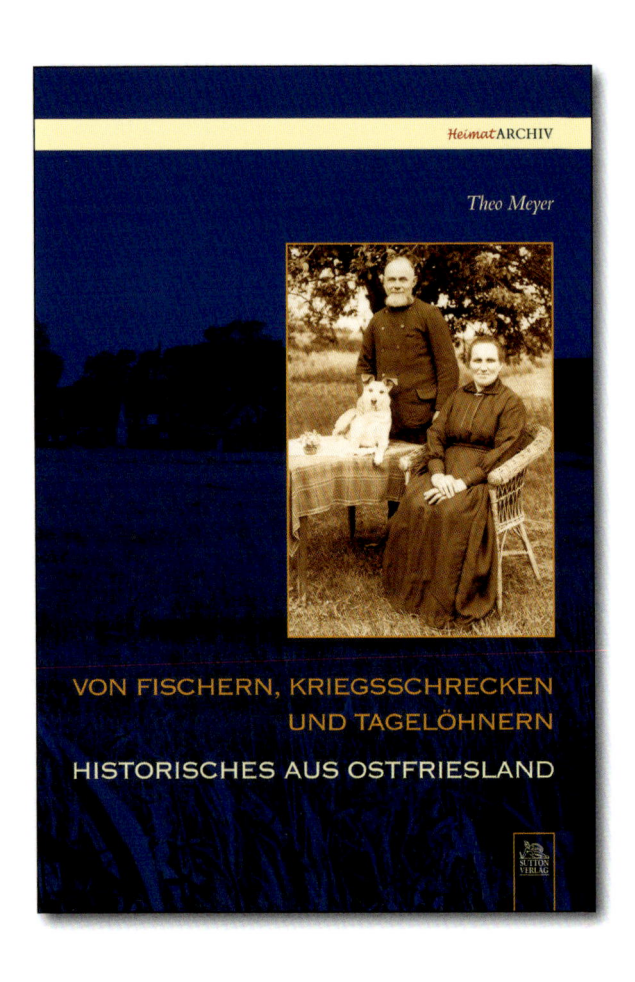

Von Fischern, Kriegsschrecken und Tagelöhnern
Historisches aus Ostfriesland

Theo Meyer

978-3-86680-324-4
17,90 € [D]

Buchhinweise

Von Häuptlingen, Seeräubern und Walfängern
Eine Zeitreise durch Ostfrieslands Geschichte

Theo Meyer

978-3-86680-831-7
17,90 € [D]

Buchhinweise

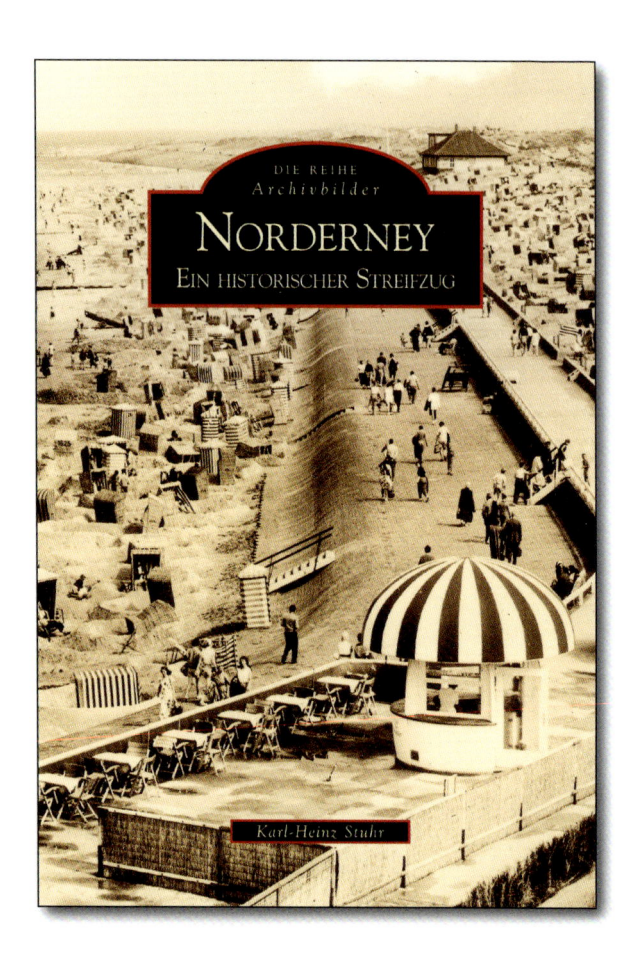

Norderney
Ein historischer Streifzug

Karl-Heinz Stuhr

978-3-86680-836-2
19,95 € [D]

Weitere Bücher aus Ihrer Region finden Sie unter:
www.suttonverlag.de